홀로 하는 공부라서
외롭지 않게 사람in이 동행합니다.

외국어, 내가 지금 제대로 하고 있는지, 정말 이대로만 하면 되는지 늘 의심이 듭니다.
의심이 든다는 건 외로운 거지요. 그런 외로운 독자들에게 힘이 되는 책을 내고 있습니다.

외국어가 나의 언어가 되는 그때까지, 이해의 언어와 훈련의 언어로
각 단계별 임계점에 이르는 방법을 제시하여,
언어 학습의 시작점과 끝점을 확실히 제시하는 정직하고 분명한 책을 만듭니다.

영어 회화의 결정적 표현들

영어 회화의 결정적 표현들

지은이 오석태
초판 1쇄 인쇄 2019년 9월 11일
초판 3쇄 발행 2022년 12월 13일

발행인 박효상   **편집장** 김현   **기획 · 편집** 장경희, 김효정
디자인 임정현   **본문 · 표지디자인** 고희선   **편집 진행** 오수민
마케팅 이태호, 이전희   **관리** 김태옥

종이 월드페이퍼   **인쇄 · 제본** 예림인쇄 · 바인딩

출판등록 제10-1835호   **발행처** 사람in   **주소** 04034 서울시 마포구 양화로 11길 14-10 (서교동) 3F
전화 02) 338-3555(代)   **팩스** 02) 338-3545   **E-mail** saramin@netsgo.com
Website www.saramin.com

ISBN
978-89-6049-812-9 14740
978-89-6049-783-2 세트

우아한 지적만보, 기민한 실사구시 사람in

영어 회화의
결 정 적
표 현 들

BEYOND **EXPRESSIONS**

사람in

서문

언어에는 어렵고 쉽고의 개념이 없습니다. 오직 자신의 나이와 정신 수준에 맞춰서 언어를 접하는 것이 맞다고 봅니다. 그게 가능해서 드리는 말씀입니다.

외국어를 배울 때는 그 외국어, 정확하게는 외국어 문장을 내가 만드는 게 아니라는 데 동의하셔야 합니다. 외국어를 배우면서 어찌 그 외국어를 내가 만들 수 있겠습니까? 정말 터무니없는 얘기지요. 우리는 외국어를 만들기 위해서 공부하고 배우는 게 아니라 원어민들이 사용하는 언어를 그대로 받아들여서 그들과 똑같이 사용하고, 그러면서 그 언어를 이해하기 위하여 배우는 겁니다.

외국인이 한국어를 배우면 한국어를 만들 수 있다고 생각하세요? 그러면 우리는 외국인이 만든 한국어를 또 배워야 하는 건가요? 아니지요. 외국인은 한국어를 만드는 게 아니라 한국 사람이 사용하는 한국어를 그대로 배워서 한국인과 똑같이 사용해야 하는 겁니다. 그게 전부입니다.

다른 거 없습니다. 우리가 한국어로 이렇게 말할 때 원어민은 영어로 어떻게 표현할까? 그 표현을 배우는 겁니다. 그리고 그 표현이 왜 그런 뜻이 되는지를 배우는 겁니다. 그래서 이해가 되면 그 표현을 기억해서 활용하는 것이지요. 여기에 무슨 초급, 중급, 고급이 있습니까? 그냥 그대로 발음하고 그대로 따라 하면 됩니다.

그래도 단어가 쉬운 게 있고 어려운 게 있는데 초급, 중급은 있는 거 아닌가요? 라고 묻고 싶으시겠지요. 그러면 그 말을 쓰긴 써야겠는데 그 말에 어려운 단어가 포함되어 있으니 그 말을 포기하고 아예 그 말을 하지 않으시겠습니까? 그 말을 쉽게 표현하는 다른 표현이나 단어가 있지 않냐고요? 그렇지 않습니다. 특별한 한 가지 상황을 정확하게 설명하는 표현은 세상에 딱 하나밖에 존재하지 않습니다. 단어들은 하나같이 제각각의 의미가 있습니다. 절대 똑같은 의미의 단어들은 없습니다. 그리고 그 단어들이 쓰이는 환경역시 다 다릅니다. 따라서 우리의 이 말에 해당하는 영어표현은 딱 하나밖에 존재하지 않는 겁니다. 그게 정상입니다. 그런데 우리는 그것을 무시하고 그냥 이 말 대신 비슷한 이 말을 쓰면 되겠지 하고 넘어가는 것이죠. 그러다 보니 대화는 늘 겉돌고 오해는 쌓이고답답증만 생기는 겁니다.

이 책에는 여러분들이 그대로 받아들여서 써도 전혀 인격에 손상이 가지 않는 1,000여 개의 좋은 표현들이 담겨 있습니다. 그대로 기억해서 쓰시면 됩니다. 어렵다 쉽다를 논함 없이 받아들이시는 게 좋습니다. 그리고 정확한 발음으로 연습하세요. 그리고 여러분의 것으로 확실히 만드세요. 이 책은 소설책이 아닙니다. 한 번 읽고 끝날 책이 아닙니다. 이 책 안에 포함된 1,000여 개의 표현이 완전히 기억될 때까지 쉬지 않고 연습하세요. 큰 소리로 읽으셔야 합니다.

이 1,000여 개의 표현들은 여러분의 영어력을 한 단계 확실히 올려드릴 겁니다. 파이팅 입니다.

저자 오석태가 드립니다.

이 책의 특징

기존의 회화책 vs. 영어 회화의 결정적 표현들

기존의 회화책	영어 회화의 결정적 표현들
원어민의 영어 구조를 분석한다. 회화를 회화로 보지 못하고 분석하니 말의 재미가 없다.	맛깔스런 한국어 표현이 공부 의욕을 부르고, 생각보다 쉬운 영어가 학습 동기를 자극한다.
뻔한 상황에 예측 가능한 대답. 한마디로 지루하다.	같은 표현도 상대방 따라, 분위기나 상황 강도에 맞춰 쓰도록 다양하게 소개되었다.
우리말 해석만 봤을 때는 쓸 수 있을 것 같은데 막상 영어에서 쓰면 굉장히 어색한 경우가 많다.	다양한 주제를 문장 형태별, 말하는 사람에 따라 분류, 제시해 활용도를 높였다. 표현의 쓰임새에 대한 정확한 설명을 담았다.

해당 상황이 아니면 활용하기 어렵다.	정확한 쓰임새와 뉘앙스를 제시해 관련 상황에 처했을 때 바로 사용 가능하다.
구조 분석이 안 되는 문장은 설명이 어렵다.	문법과 작문 실력으로 해결할 수 없는 적재적소의 표현으로 회화 실력이 한층 업그레이드 된다.

『영어 회화의 결정적 표현들』을 해야 할 결정적 이유

이유 하나: 어서 빨리 쓰고 싶은 찰떡 같은 표현

한국인의 감성에 착 달라붙는 패턴+활용도 120% 회화 & 표현

이질감 없고 자연스러운 패턴과 회화 표현으로 영어 스피킹할 때 거침이 없습니다.

이유 둘: 멋진 표현에 어울리는 정확한 쓰임새 설명

문장이 아무리 좋아도 언제 어떻게 써야 하는지 정확히 모른다면 자기 것이 아닙니다.

어휘 해석은 물론, 쓰임새 설명, 유래, 언제 쓰면 좋을지에 대한 유용한 팁을 아낌없이

넣었습니다.

이유 셋: 학습자를 위한 mp3 오디오 파일

명확한 발음의 원어민 음성으로 들을 수 있는 본문 오디오 mp3 파일을 수록했습니다.

책 속 QR코드만 찍으면 바로 들을 수 있습니다.

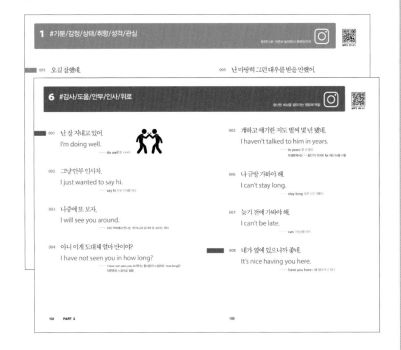

이 책의 사용법

STEP 1
재미있어 보이는 부분부터 해도 좋아요 이 책은 처음부터 차근차근 봐도 좋고, 아무 페이지를 펼치고 거기서부터 봐도 좋습니다. 하지만, 재미있게 하는 사람이 열심히 하는 사람이 못 잡는다고 하죠? 목차를 보고 관심 있는 주제를 찾아 해당 표현 위주로 학습하면 중간에 지치지 않고 계속 할 수 있습니다. 예를 들어, 외국인 동료가 있는 회사에 근무하는 직원이나 학생이라면 #비즈니스/학교 주제로, 영어로 제안해야 할 일이 있거나, 강력히 항의해야 할 일이 생긴다면 관련 주제를 찾아 표현을 익힐 수 있습니다.

STEP 2
먼저 영어로 문장이 뭘까 생각해 봐요 한글 해석을 먼저 읽고, 영어로는 어떻게 할지 먼저 말해 보세요. 이때 영어 문장을 종이로 가리면 연습하기 더 좋습니다. 스터디 모임을 할 때 돌아가며 자기가 예상하는 문장을 말하면 다양한 표현이 나올 수 있겠죠. 작문 실력도 키우고, 더불어 게임처럼 재미있게 진행할 수 있습니다. 학습량과 시간에 따라 한 단원씩 혹은 하루에 두 페이지(8~10개 문장)를 스터디할 수 있어요.

STEP 3
오디오 파일을 듣고 바로 따라 해 보세요 이제 책에 쓰인 문장을 확인하고 큰 소리로 읽어 보세요. 문장 아래에 쓰인 어휘와 설명도 놓치지 마시고요. 이렇게 두 페이지가 끝났다면 다음에는 영어 mp3 파일을 들으세요. 각 페이지 상단의 QR코드를 스캔하면 두 페이지에 나와 있는 문장을 확인할 수 있습니다. 듣기만 하면 아무 의미가 없지요. 원어민이 문장을 읽고 나면 곧바로 발음을 따라 읽어 보세요. 이것이 되면 영어 문장을 듣고 바로 우리말 문장으로도 말해 보세요.

STEP 4
암송해야 활용할 수 있어요 문장을 암송해 보세요. 우리말 뉘앙스가 고스란히 살아 있는 표현이라서 완전히 외워 두면 제대로 써 먹을 일이 있을 겁니다.

STEP 5
파트너쉽을 활용하세요 고급 단계 학습자들은 한 사람이 책에 나온 표현을 읽으면 다른 사람은 그에 대한 즉석 응답하는 훈련을 할 수 있어요. 이때 #제안 파트와 #거절 파트를 적절히 활용할 수 있어요.

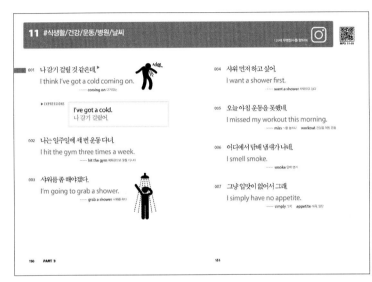

001 나 감기 걸릴 것 같은데.
I think I've got a cold coming on.
— coming on 다가오는

▶ EXPRESSIONS
I've got a cold.
나 감기 걸렸어.

002 나는 일주일에 세 번 운동 다녀.
I hit the gym three times a week.
— hit the gym 체육관에서 운동 다니다

003 샤워를 좀 해야겠다.
I'm going to grab a shower.
— grab a shower 샤워를 하다

004 샤워 먼저 하고 싶어.
I want a shower first.
— want a shower 샤워하고 싶다

005 오늘 아침 운동을 못했네.
I missed my workout this morning.
— miss ~을 놓치다 workout 건강을 위한 운동

006 어디에서 담배 냄새가 나네.
I smell smoke.
— smoke 담배 연기

007 그냥 입맛이 없어서 그래.
I simply have no appetite.
— simply 그저 appetite 식욕, 입맛

PART 4 **REVIEW**

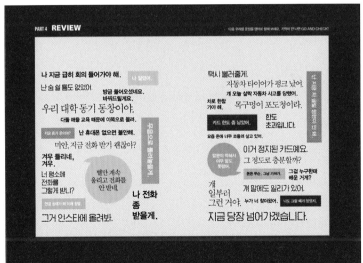

나 지금 급히 회의 들어가야 해.
난 숨 쉴 틈도 없었어.
방금 들어오셨네요. 바뀌드릴게요.
우리 대학 동기 동창이야.
다들 애들 교육 때문에 이쪽으로 몰려.
난 휴대폰 없으면 불안해.
미안, 지금 전화 받기 괜찮아?
겨우 돌리네, 겨우.
너 평소에 전화를 그렇게 받니?
벨만 계속 울리고 전화를 안 받네.
나 전화 좀 받을게.
그거 인스타에 올려봐.

택시 불러줄게.
자동차 타이어가 펑크 났어.
걔 오늘 실막 자동차 사고를 당했어.
차로 한참 가야 해.
목구멍이 포도청이라.
카드 한도 좀 남았어.
한도 초과입니다.
요즘 온에 너무 쪼들려 살고 있어.
이거 정지된 카드예요.
그 정도로 충분할까?
얼른 부순. 그냥 가자.
그걸 누구한테 배운 거게?
걔 말에도 일리가 있어.
개 일부러 그런 거야.
누가 너 찾아왔어.
너도 그럴 때가 있었지.
지금 당장 넘어가겠습니다.

차례

BEYOND **EXPRESSIONS**

PART 1

누구의 것이든
생각, 감정, 의견은 소중해요
(생각, 감정, 의견에 대해)

원어민들이 일상생활에서 친구, 가족들과 늘 주고받는 표현 중 가장 빈도수가 높은 것은 기분, 감정을 나타내는 표현이에요. 그뿐인가요? 둘이 모이면 다른 사람 얘기도 많이 합니다. 이번 파트에서는 그것들을 학습합니다. 그 외에 일상 대화에서 꼭 필요하지만, 책에서 많이 다루지 않는 불만, 항의, 거절 등의 표현도 익힐 수 있어요. 하지만 이런 표현들은 상대방 앞에 두고 말하기 쉽지 않죠? 비슷한 표현이지만 윗사람, 편한 친구, 부하 직원이나 나이 어린 후배에게 뉘앙스를 살짝 달리해 말할 수 있는 스킬도 이번 파트에서 알려드립니다.

1 #기분/감정/상태/취향/성격/관심

001 오길 잘했네.

I'm glad I came.

—— **glad** 기쁜, 행복한

002 네가 오니까 이렇게 좋네.

I'm so glad you came by.

—— **glad** 기쁜, 행복한 **come by** 잠깐 들르다

003 난 그녀가 무슨 생각을 하고 있는지 정말 궁금해.

I wonder what's going on in her mind.

—— **wonder** ~이 궁금하다
go on in one's mind 생각이 진행되다

004 내가 할 말이 많아.

I have a lot to say.

—— **a lot** 많이

005 난 마땅히 그런 대우를 받을 만했어.

I deserved it.

—— **deserve** ~의 대우를 받을 만하다
문맥에 따라 '누릴 자격이 있다. 대우를 받다'와 반대로
'(잘못해서) 안 좋은 일을 당하다. 당해도 싸다'라고 해석할 수 있음

006 내가 문제아였던 거지.

I was kind of a problem child.

—— **kind of** 일종의, 좀　　**a problem child** 문제아

007 경쟁 치열했지.

I had much competition.

—— **much competition** 치열한 경쟁

008 오늘 하루 정말 엉망이었어.

I've had a crappy day.

—— **crappy** 형편없는, 엉망인, 쓰레기 같은 (속어)

009 사람들이 나에 대해 이러쿵저러쿵해도 나 신경 안 써.

I don't care if people judge me.

—— **I don't care if** ~해도 신경 쓰지 않는다
judge ~을 좋지 않게 판단하다

010 정말 힘든 한 주였어.

I've had such a long week.

—— **such a long week** 정말 길고 힘든 한 주

011 나 지금 화내는 거 아니야.

I am not getting bent out of shape.

—— **get bent out of shape** 화내다, 흥분하다, 짜증내다

012 나 진심으로 한 말이었는데.

I meant what I said.

—— **mean** ~을 의도하다, ~이 진심이다

013 난 결혼에 관심 없어.

I have no interest in marrying anyone.

—— **have no interest in** ~에 관심이 없다

014 난 일찍 결혼 안 해.

I'm not going to get married young.

—— **get married young** 일찍(어린 나이에) 결혼하다

015 그래도 난 친절하게 한다고 한 거였어.

I was being kind.

—— **be being kind** 친절한 행위를 하고 있다
원래는 그렇지 않은데 그때 당시는 그렇게 했다는 의미

016 난 네가 스포츠를 좋아할 거라고는 생각도 못했어.

I didn't figure you for a sports person.

—— **figure you for** 네가 ~일 거라고 판단하다

017 내가 그녀에 대해서 자세히 조사해 봤어.

I studied up on her.

—— **study up on** ~을 자세히 조사(연구)하다

018 난 신앙심이 그다지 깊지 않아.

I'm not religious.

—— **religious** 독실한, 신앙심이 깊은

019 나 요리 진짜 못해.

I'm a terrible cook.

—— **terrible** 형편없는　**cook** 요리사

020 그 생각을 지우려 해도 머릿속에서 떠나질 않아.

I couldn't get it out of my mind.

—— **get it out of one's mind** 그것을 생각에서 지우다

021 난 네가 그녀를 알고 있는지 몰랐지.

I didn't realize you knew her.

—— **realize** ~을 깨닫다
know somebody ~을 개인적으로 잘 알다

022 그 이유에 대해서는 전혀 얘기 못 들었어.

I never heard why.

—— **never** 결코 아닌　**why** 이유

023 그거야 익히 아주 잘 알고 있지요.

I'm fully aware of that.

—— **fully** 충분히　**be aware of** ~을 잘 알고 있다

024 그쪽 억양을 전혀 안 쓰시네요.

I don't hear an accent.

—— **accent** 지방색을 담은 억양이나 말씨
특정 지방 출신이어서 사투리나 특유의 억양을 쓸 거라고 생각했는데
전혀 그렇지 않을 때

025 나는 이불 위에 대자로 누워 있었지.

I was spread-eagle on top of my covers.

—— **spread–eagle** 대자로 누워 있는 상태인 (날개를 편 독수리 같은)
covers (침대의) 이불

026 너 오늘 좀 이상하다.

You're being weird.

—— **weird** 말이나 행동이 낯선, 이상한, 기이한
평소에는 안 그런데 지금 이 순간 이렇다고 할 때 형용사 앞에
be동사의 현재형+being

027 평소의 너 같지가 않아.

You're not yourself.

▶ EXPRESSIONS

> **Be yourself.**
> 평소에 하던 대로 해.

028 저를 계속 쳐다보시는데, 저 아세요?

You've been staring at me. Do I know you?

—— **stare at** ~을 응시하다

Do you know me?가 아니라 Do I know you?로 표현한다.

029 날 잘 알면서 그래.

You know me well.

—— **know me** 나를 개인적으로 잘 알다

030 당신 정신이 딴 데가 있네.

You're distracted.

—— **distracted** 정신이 산만한 상태인

031 생각이 매우 객관적이시군요.

You're so objective.

—— **objective** 객관적인

032 너 그게 마음에 안 드는구나.

You hate it.

—— **hate** ~을 매우 싫어하다

033 그녀 성격이 어떤지 네가 잘 알잖아.

You know what she is like.

—— **what she is like** 그녀 성격이 어떤지

034 여기가 고향이에요?

You're from here?

—— **from here** 여기 출신인

035 당신은 가끔 정말이지 몹시 둔할 때가 있어요.

You really are very obtuse sometimes.

—— **obtuse** 감각이 둔한 (격식체)

036 너는 위험을 두려워하지 않는구나.

You're not afraid to take risks.

—— **be afraid to** ~하는 것을 두려워하다
take risks 위험(모험)을 무릅쓰다

037 너 프로처럼 보이고 싶었구나.

You wanted to look professional.

—— **professional** 프로다운, 능숙한, 전문가의

038 좀 주저하는 듯한 목소리네.

You sound a bit reluctant.

—— **sound reluctant** 주저하는 목소리로 들리다 　**a bit** 약간, 좀
reluctant 꺼리는, 주저하는

039 집이 정말 예쁘네요.

You have a lovely home.

—— **lovely** 아름다운, 예쁜, 매력적인

040 보고 싶지 않을 텐데.

You may want to look away.

—— **You may want to** ~ 아마도 ~하고 싶을 텐데
look away 외면하고 싶어서 눈길을 돌리다

041 무슨 생각을 그리 골똘히 하고 계실까?

You seem preoccupied.

—— **preoccupied** 어떤 생각에 사로잡힌 상태인

042 그녀는 저녁 내내 안절부절못하고 있어.

She's been on edge most of the evening.

—— **on edge** 안절부절못하여　**most of** ~의 대부분

MP3 01-05

043 걔 처음에는 싫다고 했어.
She said no at first.
—— **say no** 부정하다   **at first** 처음에

044 걔 영어 잘 못 해.
He doesn't speak much English.
—— **don't speak much English** 영어를 잘하지 못하다

045 걔 늘 그렇잖아. 걔가 뭐 언제는 안 그랬어?
He's always been that way.
—— 항상 특정한 상태나 동작을 유지하는 사람을 나타내는 표현
(긍정, 부정의 상황에서 모두 사용 가능)

046 오늘 집에 들어와서는 줄곧 전혀 말이 없네.
He's been quiet since he got home.
—— **quiet** 말이 없는   **get home** 집에 들어오다

047 그는 네 생각처럼 그렇게 무책임한 사람이 아니야.
He isn't as irresponsible as you think.
—— **irresponsible** 무책임한

048 걔가 네 말은 잘 들을 거야.

She'll listen to you.

—— **listen to** ~의 말을 귀담아듣고 실천하다

049 걔는 그게 신경 안 쓰인다니?

He didn't mind?

—— **don't mind** 신경 쓰지 않다

050 걔 수학 잘하잖아.

She's good at math.

—— **be good at** ~을 잘하다   **math** 수학

051 남자들은 그런 거 좋아해.

Guys like that.

—— **guys** 남자들

052 걔는 미워하려야 미워할 수가 없어.

She's impossible to hate.

—— **impossible to hate** 미워하는 게 불가능한

053 걔가 나를 닮아서 고집이 세.

He's got my hard head.

—— **get one's hard head** 누구의 고집을 닮다
hard head 센 고집, 완고한 사람

054 애가 얼마나 공손하고 예의 바른지 몰라.

He's big on the 'please' and 'thankyous'.

—— **be big on** ~을 아주 잘하다(좋아하다)

평소에 공손함의 상징인 please와 예의의 상징인 thank you를
잘 사용한다는 의미

055 걔 나하고 나이 같아.

He's my age.

—— **age** 나이

056 그녀는 스카프에 약간 집착이 있어.

She has a slight obsession with scarves.

—— **slight** 약간의   **obsession** 집착
scarf 스카프 (pl. scarves)

057 걔 아주 흥미로워하는 눈치였어.

She looked intrigued.

—— **intrigued** 흥미로워하는

058 개 자전거광이야.

He's into bikes.

—— **be into** ~에 푹 빠져 있다

059 걔는 원래 말이 없어. ▶

He's quiet by nature.

—— **quiet** 말수가 적은　**by nature** 천성적으로, 원래

▶ EXPRESSIONS

> You're quiet today.
> 너 오늘 왜 말이 없어.

060 걔 말수가 정말 적어.

He's a man of very few words.

—— **a man of very few words** 말수가 대단히 적은 사람

061 그는 남에게 긍정적인 영향을 주는 사람이야.

He's a positive influence.

—— **positive** 긍정적인　**influence** 영향

062 걔 정말 인기 좋았어.

She was a hit.

—— **hit** 대단한 인기인

063 걔 완전히 감동 먹겠어.

He'll be blown away.

—— **blow away** ~을 놀라게 하다, ~을 매우 감동시키다
뜻밖에 상대의 능력에 놀라서 감동 먹는다는 의미

064 그는 집중력이 있고 어른다운 것 같아.

He seems focused and adult.

—— **focused** 집중력 있는　　**adult** 어른다운, 성숙한

065 그녀는 늘 자신감이 있어.

She's self-assured.

—— **self-assured** 자신감이 있는

066 그는 말을 끝내지 못했어.

He didn't finish the sentence.

—— **finish the sentence** 말을 마무리 짓다

067 걔 진짜 까다로워.

He's very particular.

—— **particular** 성격이 까다로운

068 걔는 감정이나 속마음을 잘 드러내지 않는 성격이야.

She's somewhat reserved.

—— **somewhat** 다소, 약간
reserved 속마음을 드러내지 않는, 내성적인

069 그녀가 너를 무척 무서워하는 것 같아.

She seems terrified of you.

—— **seem** ~인 것 같다   **terrified of** ~을 매우 무서워하는

070 그는 책을 많이 읽어서 박식해.

He is well read.

—— **well read** 박식한, 책을 많이 읽은

071 그는 너무 독선적이야.

He's too opinionated.

—— **opinionated** 독선적인, 자기 의견을 고집하는

072 재 지금 지나치게 친절한데.

He's being overly kind.

—— **overly** 지나치게

073 걔 그거 하고 싶어서 몸이 근질근질하다, 지금.

She's itching to do it.

—— **be itching to** ～을 하고 싶어서 몸이 근질거리다

074 저 사람 이쪽을 계속 쳐다보고 있네.

He keeps looking over here.

—— **keep ~ing** ～을 계속하다

075 그는 전혀 모르는 사람이에요.

He's a total stranger.

—— **total** 완전한   **stranger** 낯선 사람, 모르는 사람

076 걔는 통찰력이 있어.

She's perceptive.

—— **perceptive** 통찰력 있는

077 사람은 보통 바뀌지 않아.

People don't usually change.

―― **usually** 대개, 보통   **change** 바뀌다

078 카펫에서 퀴퀴한 냄새가 나네.

The carpet is musty.

―― **musty** 오래되거나 공기가 통하지 않아 냄새가 나는

079 애들은 싸우면서 크는 거야.

Kids get in fights.

―― **get in fights** 싸우다
현재시제를 이용하여 평소에 늘 그렇다는 의미

080 어젠 좀 힘든 날이었지.

It was a bit of a day yesterday.

―― **a bit of a day** 좀 힘든 날 (영국에서 주로 사용)

081 이거 내가 여기 처음 왔을 때부터 있었어.

It was here when I got here.

―― **when I got here** 내가 여기 왔을 때

082 전혀 심각한 거 아니야.

It's nothing serious.

—— **serious** 심각한

083 완전히 까먹었네.

It's totally gone now.

—— 기억에서 완전히 사라졌음을 의미

084 이거 좀 당황스럽네.

It's a bit bewildering.

—— **bewildering** 갈피를 못 잡게 만드는, 당혹스럽게 만드는
원가 생각대로 되지 않아서 순간 당황스러울 때

085 크기에 비해서 무겁네.

It's heavy for its size.

—— **for** ~에 비해서

086 너무 시끄러워서 책을 읽을 수가 없었어.

It was too noisy to read.

—— **too noisy to** 너무 시끄러워서 ~을 할 수 없는

087 이러다 정말 우울증 걸리겠다.

It's so depressing.

—— **depressing** 우울하게 만드는

088 이거 완전히 독창적인걸.

It's definitely original.

—— **definitely** 확실히, 완전히   **original** 독창적인

089 그거 진짜 스트레스 쌓이는 일이야.

It's very stressful.

—— **stressful** 스트레스가 많은

090 난 그런 건 전혀 관심 없거든.

It interests me very little.

—— **interest** ~에게 관심을 주다   **very little** 전혀 아닌

091 그거 전 괜찮아요.

That's fine with me.

—— **be fine with** ~에게는 괜찮다

092 정말 힘든 한 해를 보냈어.

It's been a pretty rough year.

—— **pretty rough** 매우 힘든

093 그래 보이는 것뿐이야. 실제로는 그렇지 않아.

It is not what it looks like.

—— **what it looks like** 겉으로 보이는 모습

094 그거 보기에는 그래도 괜찮아.

It's not as bad as it looks.

—— **as bad as** ~만큼 나쁜
as it looks 그것이 겉으로 보이는 것처럼

095 그로 인한 충격이 이만저만이 아니었어.

It was devastating.

—— **devastating** 엄청나게 충격적인, 파괴하는

096 여긴 사람이 많네.

It's busy in here.

—— 가게처럼 서빙해야 하는 곳에 사람이 많아 분주한 경우

097 생각보다 나쁘지 않았어.

It wasn't as bad as I thought it would be.

—— **as bad as** ~처럼 나쁘다

thought의 영향으로 will이 would로 바뀌는 시제의 일치

098 이건 너무 심한데.

This is way too much.

—— **way** (강조 부사) 아주 멀리, 훨씬

말이나 행동이(긍정, 부정 모두 포함) 너무 지나치거나 음식이 너무
과하다는 의미

099 그건 생각만 해도 좀 역겹네.

That's kind of gross to think about.

—— **kind of** 좀   **gross** 역겨운

100 애들이 다 그렇지 뭐.

That's true of every child.

—— **true** 사실인, 진실인   **every child** 아이들 하나하나

101 그런 건 성격 결함이 아니지.

That's not a character flaw.

—— **character** 성격   **flaw** 결함

102 보통 사람들은 다 그래.

That's what normal people do.

—— **normal people** 보통 사람들

103 이런 건 남자들끼리 늘 있는 일이야.

These things happen between men.

—— 현재시제를 통해서 평상시에 늘 일어나는 일을 말함

104 뭐 달리 설명할 방법이 없네.

There is no other explanation.

—— **other** 다른 **explanation** 설명

105 난 더 이상 할 말 없어.

There's nothing more to say.

—— **nothing more to say** 더 이상 할 말 없음

106 정말 재미있는 분이시네요!

What an interesting person you are!

—— What을 이용한 감탄 강조문

107 네가 그렇게 나이가 많아?

Are you that old?

—— **that old** 그 정도로 나이가 많은

108 그쪽이 보기엔 제가 어떤 것 같아요? ▶

How do I seem to you?

—— **seem** ~인 것처럼 보이다

▶ EXRESSIONS

How do I seem?
내가 어떤 것 같아?

109 저 때문에 불편하신 거예요?

Am I making you uncomfortable?

—— **uncomfortable** 불편한

110 연주할 수 있는 악기 있어요?

Do you play any instruments?

—— **play instruments** 악기를 연주하다

111 왜 그렇게 성질이 났어?

Why are you so pissed?

—— **pissed** 성질(짜증)이 난 상태인 (속어)

112 어떤 여잔데?

What's she like?

—— 외모를 제외한 그녀의 성격, 태도 등을 물을 때

113 마음에 드는 것 좀 찾았어?

Did you find anything you liked?

—— anything you like 네가 마음에 드는 것

2 #제안/권유/요청/부탁/신청

001 너하고 해야 할 얘기가 있는데.

I need a word with you.

—— **a word with** ~와 해야 할 말

002 나 잠깐 나갔다 올게.

I'm going out for a while.

—— **go out** 외출하다　**for a while** 잠깐

003 꼭 하라고 고집하는 건 아니야. 싫으면 안 해도 돼.

I'm not insisting.

—— **insisting** 우기는, 고집하는

004 부탁드릴 게 하나 있는데요.

I've got a favor to ask of you.

—— **a favor to ask of** ~에게 할 부탁 (**ask a favor of** ~에게 부탁하다)

MP3 02-01

005 괜히 귀찮게 해드리는 건 아닌지 모르겠네요.

I hope it doesn't annoy you.

—— **I hope** ~이면 좋겠는데
annoy ~을 짜증나게 하다, 귀찮게 하다

006 어떻게 된 건지 내가 설명해 줄게.

I'll explain it to you.

—— **explain it to** 그것을 ~에게 설명하다

007 내가 가면서 설명해 줄게.

I'll explain as we go.

—— **explain** 설명하다　**as we go** 우리가 가면서

008 내가 자세하게 설명해 줄게.

I'll spell it out.

—— **spell something out** 뭔가를 자세히, 그리고 분명히 설명하다

009 너하고 말다툼하고 싶지 않아.

I don't want to argue with you.

—— **argue with** ~와 언쟁하다

010 먼저 들어가 계세요.

I'll see you inside.

—— **see you inside** 안에서 보다

011 난 강요할 생각은 없어.

I'm not going to push.

—— **be going to** ~하려고 진작부터 마음먹다   **push** 강요하다

012 생각을 바꾸려고. 안 하는 게 좋겠어.

I'm having second thoughts.

—— **have second thoughts** 처음 했던 생각을 바꾸다

013   우리가 그와 조용히 대화를 좀 하는 게 좋겠어.

I propose that we have a quiet word with him.

—— **propose** ~을 제안하다
have a quiet word with
~와 다른 사람이 없는 곳에서 조용히 대화를 나누다

014   내가 책 읽어줄게.

I'll read to you.

—— **read** 책을 읽다(읽어주다)

015   넌 맞은편 의자에 앉으면 돼.

You can sit in the chair opposite.

—— **opposite** (명사 뒤) ~의 맞은편의

016   그건 그녀와 한번 직접 얘기해 봐.

You can speak with her directly.

—— **speak with ~** ~와 진지한 대화를 하다

017 알아듣게 네가 걔한테 얘기를 좀 잘해 봐.

You can talk some sense into him.

—— **talk sense into** ~에게 알아듣게 얘기하다

018 한 잔 더 마실래?

You need a refill?

—— **a refill** 같은 걸로 한 잔 더

019 자, 이제 시작해봅시다.

We can get started.

—— **can** 가능성과 허락   **get started** 시작하다

020 얘기가 길어질지도 모르는데.

This might take some time.

—— **might** ~일지 모르다 (약한 가능성)
take some time 시간이 좀 걸리다

▶ EXPRESSIONS

It's kind of a long story.
얘기가 좀 길긴 한데.

021 **내가 부탁하는 건 그게 다야. 더 이상 없어.**

That's all I'm asking.

—— **all I'm asking** 내가 지금 부탁하는 것 전부 다

022 **그렇게 하면 당신 그 생각을 좀 잊을 거야.**

That will take your mind off it.

—— **take one's mind off it** 그 일을 잠시 잊다

023 **그건 상황 봐 가면서 결정하자.**

Let's play it by ear.

—— **play it by ear** 악보 없이 음악을 들으면서 상황에 맞추어 연주한
다는 데에서 유래

024 **우리 같이 저녁 하자, 우리 둘이서만.**

Let's do dinner, just the two of us.

—— **do dinner** 저녁 식사를 하다

025 **우리 어디 가서 커피 한잔할까?**

Let's go somewhere for coffee, O.K.?

—— **go somewhere for** 어디 가서 ~을 하다

026 우리 어디에서 만나서 커피 한잔 하자.
Let's meet somewhere for coffee.
—— **meet somewhere for** 어디에서 만나 ~을 하다

027 그냥 비긴 거로 하자.
Let's call it a draw.
—— **call it a draw** 무승부로 하다, 비긴 거로 하다　**draw** 무승부

028 주제를 좀 바꿔서 얘기해 보자.
Let's change the subject.
—— **change the subject** 주제를 바꾸다

029 어서 서둘러 가자.
Let's hurry along.
—— **hurry along** 서둘러 가다, 서두르다

030 그건 서로 오해가 없게끔 분명히 하자.
Let's be clear on that.
—— **be clear on** ~에 있어서는 오해 없이 분명히 하다

031 우리 저녁 먹으면서는 싸우지 말자.

Let's not fight at the dinner table.

—— **at the dinner table** 저녁 식탁 앞에서, 저녁 식사를 하면서

032 올라가서 한잔하고 갈래?

Want to come up for a drink?

—— **come up for** ~을 위해서 올라가다

033 나중에 커피 한잔하러 갈까?

Want to go for coffee after?

—— **go for coffee** 커피 한잔하러 가다　**after** 나중에

034 뭐 마실래?

What is your drink?

—— **your drink** 네가 마실 음료 (술, 음료수 등)

035 어서 커피마저 드세요.

Why don't you finish your coffee?

—— **Why don't you** ~? ~하세요, ~해
finish one's coffee 커피를 끝까지 다 마시다

036 며칠 동안 집에 와 있지 그러니?

Why don't you come home for a few days?

—— **What don't you ~?** ~하는 게 어때?

037 저녁 먹고 갈래?

Are you staying for dinner?

—— **stay for dinner** 집에서 저녁을 먹고 가다

038 커피 좀 마실래요?

Do you want any coffee?

—— **want any coffee** 어느 커피든 원하다

039 내일 점심 먹을까?

Do you want to have lunch tomorrow?

—— **have lunch** 점심을 먹다

040 좀 드릴까요?

Do you want some?

—— **some** 좀, 어느 정도의 양

041 우리와 같이 갈래?

Do you want to come with us?

—— 우리와 함께 간다고 할 때는 go 대신 come을 사용

042 한번 들어봐도 돼?

Can I listen?

—— **Can I ~?** ~해도 될까?

043 저것 좀 꺼내 줄래요?

Can you get that for me?

—— **get** ~을 준비해 주다 　**for me** 나 대신에

044 우리 잠깐 얘기 좀 할 수 있을까?

Can we talk a little?

—— **Can we ~?** 우리 ~할 수 있을까?
talk a little 잠깐 대화하다

045 이 얘긴 내일 해도 될까?

Can this wait until tomorrow?

—— **can wait** 나중에 처리해도 좋다

046 먼저 한번 둘러볼까요?

Could we just look around first?

—— **Could we** ~? 우리 ~해 볼까? (예의를 갖춘 부탁의 표현)
look around 둘러보다

047 나 병원에 좀 내려줄 수 있어?

Can you drop me at the hospital?

—— **drop me at** 나를 ~에 내려주다

048 그냥 그것에 대해서 생각이라도 좀 해 줄래?

Can you at least think about it?

—— **at least** 적어도　**think about** ~에 대해서 생각하다

049 테이프 틀어줄까?

Can I play you a tape?

—— **play you a tape** 네가 들을 수 있게 테이프를 틀어주다

050 솔직하게 말씀드려도 될까요?

May I speak frankly?

—— **frankly** 솔직하게

051 지금 내가 너 만나러 갈까?

Shall I come see you?

—— **Shall I ~?** 내가 ~할까?
너와 나 사이의 거리가 점점 가까워지는 상황에서는 '가다'의 의미로
go가 아닌 come을 사용

052 음악 좀 틀어줄래?

Will you please put on some music?

—— **Will you ~?** 부탁의 표현　**put on music** 음악을 틀다

001 그건 분명 그냥 지나가는 일이야.

I'm sure it's just a passing thing.

—— **passing thing** 지나가는 일

002 나 네가 생각하는 그런 사람 아니야.

I'm not the person you think I am.

—— **the person I am** '나'라는 사람

003 이런 일은 내가 잘 알지.

I know these things.

—— **know** ~을 이미 잘 알고 있다

004 단도직입적으로 말씀드리죠.

I'll get to the point.

—— **get to the point** 핵심을 말하다

005 말 돌리지 않고 핵심을 말씀드리겠습니다.

I won't beat around the bush.

—— **beat around the bush** 말을 돌려서 하다, 횡설수설하다

006 너 말이 너무 많아.

You talk too much.

—— **talk too much** 말을 너무 많이 하다

007 쟤 좀 네가 어떻게 해 봐.

You deal with him.

—— **deal with** ~을 다루다(감당하다)

008 잘 알면서 그래.

You know why.

—— **know** ~을 잘 알다   **why** 이유

009 그런 일로 걔한테 화낼 것까지는 없잖아.

You know you can't be mad at her for that.

—— **can't be mad at** ~에게 화낼 것 없다
be mad at ~에 화내다

010 요즘 당신 문제가 뭔 줄 알아?

You know the thing about you?

—— **the thing about** ~의 문제

011 요령이 생길 거야.

You'll get the hang of it.

—— **get the hang of** ~의 요령을 알다   **hang** 요령

012 넌 신경 쓸 필요 없어.

You don't have to bother.

—— **You don't have to** 너는 ~을 할 필요가 없다
bother 신경 쓰다

MP3 03-02

013 다른 사람을 존중할 줄 알아야지.

You should have some consideration for others.

—— **have consideration for** ～을 위한 배려심이 있다
consideration 고려, 배려

014 너 계속 이런 짓을 하면 안 돼.

You can't keep doing this.

—— **keep doing this** 계속 이런 짓을 하다

015 너 이건 분명히 해둬야 해.

You need to be clear about this.

—— **be clear about** ～에 대해서 분명히 하다

016 너 계속 이런 식으로 하면 안 돼.

You can't carry on like this.

—— **carry on** 계속 행하다   **like this** 이런 식으로

017 그렇게 말하는 건 옳지 않아.

You can't say that.

—— **You can't ~** ～하지 않도록 해   **say that** 그렇게 말하다

53

018 넌 손해 볼 거 없잖아.

You have little to lose.

—— **have little to** ~할 게 전혀 없다 **lose** ~을 잃다, 손해 보다

019 너 절대 그러면 안 돼.

You mustn't do it.

—— **must** ~을 반드시 해야 하다 (법, 규칙 등)

020 이제야 좀 상황 파악이 되나 보네.

Now you're catching on.

—— **catch on** 이해하다

021 꼭 가봐야 해.

You should go.

—— **should** ~해야 한다 (강한 권유)

022 네가 그럴 만한 짓을 했나 보지.

Maybe you did something to deserve it.

—— **maybe** 아마
something to deserve it 그런 대우를 받을 만한 짓

MP3 03-03

023 넌 참고 기다리기만 하면 돼.
All you need is patience.

—— **patience** 인내심

024 우리 이 얘기는 이미 다 했잖아.
We've already discussed this.

—— **already** 이미   **discuss this** 이 문제를 상의하다

025 우리 더 이상 이러면 안 돼.
We can't do this anymore.

—— **not anymore** 더 이상은 아닌

026 네가 버릇없이 굴면 누가 좋아하겠니.
Nobody likes it when you're naughty.

—— **naughty** 버릇없는 (어른이 아이에게 하는 말)

027 전적으로 네가 결정할 문제야.
It's strictly up to you.

—— **be up to** ~가 결정할 문제이다   **strictly** 전적으로

028 그거 쉽게 들리지? 실제론 쉽지 않아.

It isn't as easy as it sounds.

—— **as easy as** ~처럼 쉽다 **sound easy** 쉽게 들리다

029 너 그 버릇 정말 고쳐야 해.

It's a habit you really need to break.

—— **break a habit** 나쁜 버릇을 고치다(없애다)

030 그거 별로 중요한 것도 아니야.

It's not that big of a deal.

—— **a big deal** 대단한 일, 대단히 중요한 일

031 그건 전혀 창피해 할 일이 아니야.

It's nothing to be ashamed of.

—— **be ashamed of** ~을 창피하게 생각하다

032 처음부터 솔직히 다 털어놓는 게 최선이야.

It is best to get it all out in the beginning.

—— **get it all out** 모든 걸 털어놓다
in the beginning 처음부터

033 그건 너 하기에 달렸어.

It depends on you.

—— **depend on** ~에 의존하다

034 그게 그렇게 한다고 해서 되는 게 아니야.

It doesn't work that way.

—— **work** 효과 있다　　**that way** 그런 식으로

035 그렇게 하는 게 더 안전해.

It's safer that way.

—— **safer** 더욱 안전한　　**that way** 그런 식으로

036 그건 오해를 부를 수도 있겠어.

It might invite misunderstanding.

—— **might** 약하지만 ~의 가능성이 있다
invite ~을 불러일으키다　　**misunderstanding** 오해

037 여기까지만. 더 이상은 안 돼.

This has to stop.

—— **have to** (당연히) ~이어야 하다

57

038 거봐, 내가 뭐래.

That's what I told you.

—— **what I told you** 내가 네게 과거에 했던 말

039 그런 게 좋은 거야.

That's a good thing.

—— **a good thing** 좋은 것

040 그건 당신이 걱정할 일이 아니에요.

That's none of your concern.

—— **concern** 걱정, 염려

041 그렇게 한다고 문제 될 건 없잖아.

That can't hurt you.

—— **hurt** ~에게 상처나 피해를 주다

042 내 딴에는 칭찬으로 한 말이었는데.

That was meant as a compliment.

—— **be meant as** ~로 의도되다   **compliment** 칭찬

043 그렇게 하면 그런 일은 대개 잘 풀려.

That's the way it usually works.

—— **usually** 대개 **work** 제대로 풀리다

044 지금 그 얘기가 아니잖아.

That's not the point.

—— **point** 핵심, 대화의 주제

045 그렇게 해서 소문이 시작되는 거야.

That's how rumors get started.

—— **rumor** 소문 **get started** 시작되다

046 다 그런 거야.

That's what happens.

—— **what happens** 평소에 일어나는 일

047 세상 모든 일에는 처음이 있는 거잖아.

There's a first for everything.

—— **a first** 처음

048 넌 거기 그대로 있어.

Stay where you are.

—— **stay** 머물다

049 어떻게 되어 가는지 시간을 두고 잘 봐봐.

Give it time.

—— **give something time** ~에 시간을 주다, ~을 시간을 두고 바라보다

050 말 그렇게 막 하지 마.

Be nice.

—— **nice** 친절한, 공손한, 배려심 있는

051 말은 중요해. 말 때문에 생기는 문제는 정말 심각해.

Words matter.

—— **matter** 중요하다

052 숨 좀 쉬면서 살아라.

Go easy on your life.

—— **go easy on** ~을 살살 다루다

053 딴생각 말고 내 말에 집중 좀 해.
Stay with me.
—— 정신적으로 나와 함께 머물라는 의미

054 농땡이 그만 부리고 일들 해.
Stop slacking and get to work.
—— **slack** 일에 태만하다 **get to work** 일에 착수하다

055 남들이 하는 것처럼 너도 그냥 그렇게 하면서 살아.
Just go with the flow.
—— **go with the flow** 대부분의 사람이 원하는 행위에 맞추어 살다

056 답은 짧게 하는 게 좋아.
Short answers are good.
—— **short answers** 짧은 대답

057 햇빛을 피하도록 해라.
Mind you keep out of the sun.
—— **mind** 조심해서 ～하도록 하다
keep out of ～을 계속 피하다

058 세상에는 절대 변하지 않는 것들이 있어.

Some things never change.

—— **never change** 절대 변하지 않다

059 꼭 그렇게 하도록 해.

See that you do.

—— **see that** ~ 꼭 ~을 하도록 하다(하게 하다)

060 어디 가지 말고 거기 있어.

Stick around.

—— 다른 곳으로 가지 말고 그 자리, 또는 근처에 있으라는 의미

061 본론만 얘기해.

Cut to it.

▶EXPRESSIONS

Cut to the chase.
본론으로 들어가자.

062   오명은 평생 갈 수 있어, 평생.

Stigmas can last a lifetime.

—— **stigma** 오명   **last** 지속되다   **a lifetime** 평생

063   긍정적으로 생각해라.

Look on the bright side.

—— 항상 밝은 면을 보고 살라는 의미

064   자존심 좀 죽여.

Swallow your pride.

—— **swallow** ~을 삼키다   **pride** 자존심

065   결정은 당연히 당신이 알아서 해야지.

The decision would be yours.

—— **decision** 결정   **yours** 당신의 것

066   내 말을 좀 끝까지 들어봐.

Just hear me out.

—— **hear me out** 내 말을 끝까지 듣다

067 내가 정신 좀 차리게 가만히 내버려 둬.

Just let me get myself together.

—— **get oneself together** 감정에 휘둘리지 않고 정신 차리다

068 그녀에겐 나 외출했다고 해 줘.

Just tell her I'm out.

—— **be out** 외출하다

069 우리 한번 보러 와. ▸

Come see us.

▸ EXPRESSIONS

> Come to see us.
> 나중에 우리 한번 보러 오지.

070 어서 얘기해 봐.

Go on.

—— **go on** 계속 말하다

071 어서, 하던 말 마저 해 봐.
Go on, finish the sentence.
—— 하던 말을 멈추고 주저할 때 사용

072 잘 생각해 봐.
Think it over.
—— **think something over** 뭔가를 심사숙고하다

073 걔하고 화해해.
Make it up with her.
—— **make it up with** ~와 화해하다

074 내가 하는 걸 그대로 따라 하면 돼.
Do exactly what I'm doing.
—— **exactly** 정확히, 틀림없이

075 우리 그 얘기는 다시 꺼내지 말자.
Let's not go there again.
—— **go there** 거기에 가다, 그 얘기를 꺼내다

076 그 얘기는 우리 거기까지만 하자.

Let's just leave it at that.

—— **leave it at that** 그 얘기는 거기에 남겨두다

077 좀 대들지 마.

Don't argue with me.

—— **argue** 논쟁하다, 따지다

078 겉으로 보이는 모습에 속지 말아요.

Don't let appearances fool you.

—— **appearance** 겉모습　**fool** ~을 속이다

079 그것 때문에 걱정하지 마.▶

Don't let it worry you.

—— **worry** ~을 걱정시키다

▶EXPRESSIONS

> You worry me.
> 넌 나를 늘 걱정시키는구나.

080 하나도 걱정하지 마.

Don't worry about a thing.

—— **not worry about a thing** 하나도 걱정하지 않다

081 현실에 안주하는 태도, 좋지 않아.

Don't be complacent.

—— **complacent** 현실에 안주하는

082 날 그렇게 부르지 마.

Don't call me that.

—— **call me** ～ 나를 ～라고 부르다

083 잊지 말고 개 산책시켜.

Don't forget to walk your dog.

—— **walk a dog** 개를 산책시키다

084 그런 일로 스트레스 받지 마.

Don't stress about it.

—— **stress about** ～로 인해서 스트레스를 받다

085 이 말을 오해하지 마.

Don't take this the wrong way.

—— **take this the wrong way** 이것을 잘못 받아들이다, 오해하다

086 어떤 상황에서도 희망을 놓지 마세요.

Don't let anything negate hope.

—— **negate** ~을 무효화하다

087 불안해하는 낌새를 그녀에게 들키지 않도록 해.

Don't let her sense your anxiety.

—— **sense** ~을 감지하다   **anxiety** 불안, 염려

088 아무것도 묻지 마.

Don't ask questions.

—— **ask questions** 질문하다

089 그 일에는 아무 신경 쓰지 마.

Don't pay that any mind.

—— **pay that mind** 그 일에 신경 쓰다

090　너 자신을 과소평가하지 마.

Don't sell yourself short.

—— **sell someone short** 누구를 과소평가하다

091　하나도 빼놓지 말고 다 얘기해.

Don't leave anything out.

—— **leave out** ~을 빼놓다. ~을 배제시키다

092　유치하게 좀 굴지 마.

Don't be juvenile.

—— **juvenile** 청소년의, 어린애 같은, 유치한

093　세상 물정 모르는 사람처럼 왜 이래.

Don't be naive.

—— **naive** 순진한, 어리숙한

094　쟤 때문에 신경 쓰지 마.

Don't let him bother you.

—— **let him bother you** 그가 너를 신경 쓰게 만들다

095 실제보다 더 부풀려서 유난 떨지 마.

Don't make it a bigger deal than it is.

—— **make a big deal** 사소한 일을 부풀려서 유난을 떨다

096 모르는 척 좀 하지 마.

Don't pretend you don't know.

—— **pretend** ~인 척하다

097 무턱대고 나한테 화내지 마.

Don't bite my head off.

—— **bite one's head off** 자세히 알지도 못한 상태에서, 또는 사소한 문제로 과민반응하며 ~에게 화를 내다

098 너 그거 습관 되면 안 된다.

Don't make a career of it.

—— **make a career of** ~을 습관화시키다

099 사실도 아닌 걸 사실인 것처럼 만들지 마.

Don't make this into something that it isn't.

—— **make this into something** 이것을 ~로 바뀌게 하다

100 그거 원래 있던 자리에서 옮겨 놓지 마.

Don't move it out of its place.

—— **out of one's place** 원래 자리에서 벗어난

101 걔한테 너무 신경 쓰지 마.

Don't think much of him.

—— **think much of** ~을 많이 신경 쓰다

102 괜히 나중에 나한테 뭐라 그러지 마.

Don't blame me.

—— **blame** ~을 책망하다, ~에게 뭐라고 하다

103 너 그러기만 해 봐, 진짜!

Don't you dare!

—— 감히 그러지 말라는 느낌

104 또 시작이야. 그러지 마.

Don't start.

—— 잔소리나 불평을 늘어놓기 시작할 때

105 난 너한테 분명히 안 된다고 경고했다.

Don't say I didn't warn you.

—— **warn** ~에게 경고하다

106 시치미 떼지 마.

Don't play dumb.

—— **play dumb** 모른 척하다, 시치미 떼다

107 이 문제로 걔 애먹이지 마.

Don't trouble him with this matter.

—— **trouble** ~을 괴롭히다

108 남들이 하는 말을 다 믿진 마.

Just don't believe everything you hear.

—— **not everything** 모든 게 다 그런 건 아닌

109 걔한테 내가 말했다고 하지 마.

Just don't tell him I said that.

—— **tell him** 그에게 말하다   **said that** 그 말을 했다

MP3 03-12

110 못되게 굴지 마.

Please don't be mean.

—— **mean** 못된, 심술궂은, 인색한

111 나한테 그런 말투로 말하지 마.

Please don't use that tone with me.

—— **tone** 말투

112 나한테 이유는 묻지 마.

Please don't ask me why.

—— **ask me why** 내게 이유를 묻다

113 그냥 하는 말 아니다. 늦지 마.

I mean it, don't be late.

—— **mean** ~을 의도하다

114 너 무엇 때문에 그 짓을 한 거야?▶

What did you do that for?

▶ EXPRESSIONS

What for?
무엇 때문에?

115 그렇게 한다고 해서 손해 볼 거 없잖아.

What's the harm in that?

—— **harm** 해

116 너 언제나 철들래?

When are you going to grow up?

—— **grow up** 성장하다, 철이 들다

117 그러면 진작에 헤어지지 왜 계속 개 옆에 붙어 있었어?

Why did you stay?

—— **stay** 옆에 머물다

118   그 성가신 일을 계속하는 이유가 뭐야?

Why do you persist?

—— **persist** 어렵거나 남들이 반대하는 일을 계속하다

119   내가 이런 농담을 왜 해.

Why would I kid about this?

—— **kid about** ～에 대해서 농담하다

4 #불만/항의/경고/분노/비판

001 이렇게 될 줄 내가 진작에 알았어.

I knew this was coming.

—— **was coming** 진작에 다가오고 있었다

002 난 그냥 해 본 소리야.

I'm just saying.

—— **just saying** 다른 뜻 없이 그냥 말하고 있는

003 그 얘긴 다 끝낸 거로 아는데.

I thought we settled that.

—— **I thought** 나는 ~인 거로 알고 있었다
settle ~을 결정(정리)하다

004 난 지금 진실되게 말하고 있는 거야.

I'm being truthful.

—— **truthful** 정직한, 진실된
내 평소 성격과는 다르게 진실하다는 것을 어필

005 **난 그 정도로는 절대 만족하지 않아.**

I won't settle for it.

—— **settle for** 원하는 정도는 아니지만 그냥 ~에 만족하다

006 **내가 너냐.**

I'm not you.

—— **not you** 네가 아닌, 너와는 다른

007 **내가 그 말은 하지 말라고 했잖아.**

I told you not to say it.

—— **not to say it** 그 말은 하지 않을 것이다

008 **이렇게 사는 거 정말 싫어.**

I hate this life.

—— **hate** ~이 몹시 싫다

009 아직 끝난 거 아니야.

I'm not done yet.

―― 아직 할 일이 더 남아있다 또는 문맥에 따라 너를 놀라게 할 일이 더 남았다는 의미로도 쓰임

010 너 전에도 그 말 했어.

You've said that before.

―― **have said that** 이미 그 말을 했다

011 너 지금 아무 생각 없이 그냥 하는 말이지.

You don't know what you're talking about.

―― **talk about** ~에 대해 말하다

012 넌 너무 비협조적이야.

You're not cooperating.

―― **cooperating** 협조적인

013 너 진짜 사람 말 안 듣는다, 응?

You never listen, do you?

―― **listen** 남의 말을 듣다

014 넌 항상 그 소리야.

You always say that.

—— **say that** 그 말을 하다

015 그럴 거면 너 그냥 혼자 해.

You're on your own.

—— **on one's own** 혼자의, 혼자 힘으로

016 꼭 이럴 필요까지는 없잖아.

You don't have to do this.

—— **don't have to** ~할 필요는 없다

017 저를 매우 못마땅해하시잖아요.

You're so disapproving of me.

—— **disapprove of** ~을 못마땅해하다

018 이제 와서 등 돌리면 안 되지.

You can't turn back now.

—— **turn back** 등 돌리다, 배신하다

019 너 지금 나한테 말 안 하는 거 있지.

You're not telling me something.

—— **tell me something** 내게 뭔가를 말하다

020 걔는 늘 그런 식이었어.

She's always been like that.

—— **like that** 그런 식으로

021 걔 막아야 해. 이대로 놔두면 안 된다고.

She's got to be stopped.

—— **be stopped** 하던 행위가 누군가에 의해서 멈춰지다

022 그렇게 하면 난 불편해.

It would make me uncomfortable.

—— **would** ~일 것이다 (충분히 예견되는 상황)
uncomfortable 불편한

023 너와는 아무 상관없는 일이야.

It's got nothing to do with you.

—— **get nothing to do with** ~와 아무런 상관없다

024 넌 바로 그게 문제야.

That's exactly your problem.

—— **exactly** 정확히, 바로

025 또 시작이네, 또 시작이야.

There you go again.

—— **go again** 다시 시작하다

026 인생이 이게 다가 아닐 거야 분명히.

There must be more to life than this.

—— **must** ~임에 틀림없다
be more to life than ~이 인생의 전부는 아니다

027 그걸 지금 사과라고 하는 거야?

That's your apology?

—— **apology** 사과, 사죄

028 바로 거기에 문제가 있는 거야.

That's where the problem lies.

—— **lie** 놓여 있다

029 바로 그 부분에서 네가 틀린 거야.

That's where you're wrong.

—— **That's where** ~ 바로 그 부분에서 ~인 것이다

030 정말 무슨 그따위 경우가 다 있어.

That's pretty sick.

—— **pretty** 매우   **sick** 역겨운, 지긋지긋한

031 진짜 짜증난다.

That's so annoying.

—— **annoying** 짜증나게 만드는

032 도대체 이게 무슨 말도 안 되는 경우야.

This is nuts.

—— **nuts** 미친, 제정신이 아닌

MP3 04-04

033 뭐 좀 해 보려고 하면 주변에서 가만 놔두질 않네.

My life doesn't cooperate.

—— **life** 주변환경 **cooperate** 협조하다
주변에서 도와주지(협조하지) 않는다는 의미

034 역겨운 새끼, 재수 없어 정말!!!

What a toad!!!

—— **toad** 기분 나쁜 새끼, 징그럽고 역겨운 놈

035 나 얘기 아직 안 끝났어.

Let me finish.

—— **finish** 끝내다, 마무리 짓다

036 가끔 세상살이가 날 힘들게 하네.

Sometimes things get to me.

—— **things** 상황, 세상살이
get to ~에게 영향을 주다, ~을 짜증나게 하다

83

037 됐거든. 당연하지, 그런 짓을 내가 왜 해.

As if.

———— 1 상대의 말이나 생각을 부정하며 네 맘대로 생각해라. 의 느낌으로
던지는 말
2 어떤 행위는 절대로 하지 않겠다는 대꾸의 말

038 너 하는 거 봐서.

If you're good.

———— 네가 행동을 잘하면 원하는 걸 들어주겠다는 의미

039 그렇게 빤히 쳐다보지 마.

Stop staring.

———— **stare** 응시하다, 빤히 쳐다보다

040 좀 적당히 해라.

Give it a break.

———— 뭔가를 지나칠 정도로 심하게 하는 상대에게 사용

041 그만 좀 하라고!

Back off!

———— 계속 귀찮게 하거나 비난, 또는 위협하는 상대에게 사용

042 무슨 일 있는 거야?

Is something going on?

—— 상대의 태도가 변한 이유를 물을 때

043 너 지금 걔 편드는 거야?

Are you taking his side?

—— take one's side ~의 편을 들다

044 너는 이게 아무렇지도 않니?

Doesn't this affect you at all?

—— affect ~에게 영향을 주다, ~에게 충격을 주다

045 무슨 그런 질문이 다 있어?

What kind of question is that?

—— what kind of question 어떤 종류의 질문

046 왜 이렇게 오래 걸려?

What's taking you so long?

—— take you so long 네게 오랜 시간이 걸리게 하다

047 도대체 무슨 일이야?

What is this?

—— 이해할 수 없는 상황이 벌어지고 있을 때

048 갑자기 그건 또 무슨 뚱딴지같은 소리야?

Where did that come from all of a sudden?

—— **all of a sudden** 갑자기

049 지금 이 말을 나한테 왜 하는 거야?

Why are you telling me this?

—— **tell me this** 내게 이 이야기를 하다

050 왜 싸움을 하게 되는 거야?

Why would you get into fights?

—— **get into fights** 싸우다

051 넌 늘 왜 그래?

Why do you do that?

—— **do that** 평소에 그런 행동을 하다

052 너 지금 왜 이러는 건데?

Why are you being like this?

——— 평소와는 다른 행동이나 말을 할 때 사용

001 난 전혀 걱정 안 되는데.

I'm not the least bit worried.

—— **the least bit** 아주 조금   **be worried** 걱정되다

002 나더러 이 얘기를 다 믿으라는 거지 지금.

I'm not believing this.

—— **not believing this** 이것이 믿어지지 않는

003 내가 감당하기에는 너무 힘든 일이야.

I'm in over my head.

—— **be in over one's head** 물이 머리 위에까지 올라차서 숨도 쉴
수 없는 상태, 즉, '감당하기 어려운 상태에 빠져 있다'는 의미

004 생각이 정리가 안 돼.

I don't know what I think.

—— 정확한 판단이 서지 않거나 머리가 복잡해서 생각이 하나로 모이지
않는다는 의미

MP3 05-01

005 걸어가자는 생각에는 나 반대야.

I don't like the idea of going on foot.

—— **like** ~이 마음에 들다   **go on foot** 걸어서 가다

006 난 걔가 괜히 오해할까 봐 싫어.

I don't want him to get the wrong idea.

—— **get the wrong idea** 오해하다, 엉뚱한 생각을 하다

007 그걸 누가 보낸 건지 모르겠어.

I don't know who they came from.

—— **who they came from** 그것들이 누구에게서 온 건지, 그것들
을 누가 보낸 건지

008 내가 그걸 부정하는 건 아니야.

I don't deny that.

—— **deny** ~을 부정하다

009 네 생각하면서 한 말 아니야.

I wasn't thinking of you when I said that.

—— **think of you** 네 생각을 하다

010 자세히는 기억이 안 나.

I can't remember the details.

—— **the details** 자세한 것들

011 그건 감당이 안 돼, 감당이.

I can't handle it.

—— **handle** ~을 처리하다, ~을 감당하다

012 지금 길게 얘기 못해.

I can't talk long.

—— **talk long** 오랜 시간 대화하다

013 그를 더 이상 압박할 수가 없어.

I can't put more pressure on him.

—— **put pressure on** ~을 압박하다, ~에 압력을 가하다

MP3 05-02

014 난 그걸 아무것도 증명할 수 없어.

I can't prove any of it.

—— **prove** ~을 증명하다

015 난 안 가.

I'm not going.

—— 이미 정해진 가까운 미래를 말함

016 아직은 그럴 수 있는 상황이 아니야.

I'm not up to it just yet.

—— **be up to** ~을 할 수 있는 상태이다
not just yet 아직은 아닌

017 난 술 마시는 것 자체를 반대하지는 않아.

I'm not antidrinking.

—— **antidrinking** 음주를 반대하는

018 정확히 무슨 말인지 이해가 안 돼.

I'm not sure I follow.

—— **follow** 내용을 따라잡다, 이해하다

019 상황이 그렇게까지 나쁠까.

I doubt if things are that bad.

—— **I doubt if** ~이 정말 사실인지 의심스럽다

020 하마터면 들킬 뻔했어.

I almost got caught.

—— **almost** 거의   **get caught** 걸리다, 들키다

021 걱정돼 죽겠어, 정말.

I've been worried sick.

—— **be worried sick** 몹시 걱정되다, 걱정돼 죽을 지경이다

022 내가 지금 생각이 많아.

I've just got a lot on my mind right now.

—— **on my mind** (내가) 생각 중인   **right now** 바로 지금

023 됐거든.

No. I'm good.

—— 상대의 제안에 대한 강한 거절이나 부정

MP3 05-03

024 너 잘못한 거 없어.
You did nothing wrong.

—— **do nothing wrong** 잘못된 일을 하지 않다

025 그럴 리가.
You don't say.

—— 이성적으로 이해되지 않는 말을 하는 상대에게 하는 말

026 이거 다 꾸며낸 얘기죠.
You're making this up.

—— **make up** ~을 지어내다, ~을 꾸며내다

027 아무런 결론도 못 냈어.
We got nowhere.

—— **get nowhere** 아무런 성과를 못보다, 아무런 진전이 없다

028 지금 당장엔 확실한 게 하나도 없어.
Nothing is definite right now.

—— **definite** 분명한, 확실한　**right now** 지금 당장

029 분명 무슨 일 있는 거 맞아.

Something must have happened.

—— 아니라고는 하는데 분명히 무슨 일이 있을 거라는 확신이 들 때

030 지금 상황이 너무 불확실해.

Things are too unsettled.

—— **things** 상황 **unsettled** 불안정한, 불확실한

031 그래 봐야 크게 달라질 건 없어.

It can't make much difference.

—— **make difference** 영향을 주다, 달라지게 하다

032 그게 뜻대로 잘 안됐어.

It didn't work out.

—— **work out** 일이 잘 풀리다, 원했던 대로 일이 풀리다

033 그런 거 아니야.

It's not that.

—— 나의 말이나 상황을 상대가 오해해서 응대할 때

034 　그렇게 간단한 일이 아니야.

It's not that simple.

—— **that simple** 그렇게 간단한

035 　그런 일 때문에 그는 지금도 계속 힘들어해.

It's still hard on him.

—— **be hard on** ~을 힘들게 하다, ~을 막 대하다

036 　상황이 더 악화될 뿐이야.

It's only going to get worse.

—— **get worse** 악화되다

037 　사실은, 그 정반대야.

Actually, it's just the opposite.

—— **actually** 사실은　**opposite** 반대

038 　그건 상황이 다르죠.

That's different.

—— **different** 모양이나 성격, 또는 상황이 다른

039 전에는 한 번도 그런 일 없었어.

That's never happened before.

—— **never** 결코 아닌, 한 번도 ~이 아닌

040 그게 걱정이긴 하지.

That's worrisome.

—— **worrisome** 걱정을 초래하는

041 그것 때문에 내가 지금 괴로운 거라니까.

That's what's nagging me.

—— **nag** ~을 괴롭히다

042 너나 그렇지, 난 아니야.

Speak for yourself.

—— **speak for oneself** 자기 생각을 말하다, 변호하다
상대와 의견이 다를 때, 또는 상대의 현재 상태는 그런지 몰라도 자기
는 그렇지 않음을 말할 때 사용

043 뭔가 구린내가 나는데.

Smells bad.

—— 누군가의 말에 꿍꿍이가 있음을, 그래서 믿을 수 없음을 의미

044 나 지금 감시당하고 있는 거야?

Am I being watched?

—— **be watched** 감시당하다 (**be being watched** 감시당하는 중이다)

045 너 정말 괜찮아?

Are you sure you're okay?

—— **be sure** 확신하다   **okay** 괜찮은, 문제없는

046 너 정말 괜찮겠어?

Are you sure you don't mind?

—— **mind** 언짢아하다, 상관하다

047 나는 왜 네 말이 믿기지 않지?

Why don't I believe you?

—— **believe you** 네 말을 믿다

048 넌 지금 뭐 때문에 죄책감을 느끼는 거야?

What are you guilty about?

—— **be guilty about** ~에 대해서 죄책감을 갖다

나 진심으로 한 말이었는데. 걔가 뭐 언제는 안 그랬어?

걔 그거 하고 싶어서 몸이
근질근질하다, 지금. 이러다 정말 우울증 걸리겠다.

먼저 들어가 계세요.

그건 상황 봐 가면서 결정하자. **단도직입적으로
말씀드리죠.**

너 계속 이런 식이면 곤란해.

**이제야 좀
상황 파악이
되나 보네.**

여기까지만.
더 이상은
안 돼.

오셔 커피마저 드세요.

거봐,
내가 뭐래.

숨 좀 쉬면서 살아라.

본론만 얘기해.

자존심 좀 죽여.

너 그러기만 해봐 진짜!

또 시작이야. 그러지 마.

세상 풍정 모르는 사람처럼 왜 이래.

시치미 떼지 마.

너 언제나 철들래?

내가 너냐.

정말 무슨 그따위 경우가 다 있어.

나 얘기 아직 안 끝났어.

너 하는 거 봐서.

갑자기 그건 또 무슨 뚱딴지같은 소리야?

하마터면 들킬 뻔했어.

좀 적당히 해라.

됐거든.

그럴 리가.

그런 거 아니야. 뭔가 구린내가 나는데.

PART 2

함께 사는 세상, 서로 인사하고
챙기고 교류하며 지내요
(인사, 감사, 교류에 대해)

오랜만에 길에서 친구를 마주쳤을 때, '반갑다!' 라는 일상적인 인사말 외에 '와, 이게 얼마 만이야, 여기서 너를 만나네!'처럼 한국어 하듯이 자연스럽게 반가움을 표현해 보세요. '나도 그렇게 생각해.'라는 동의 표현도 분위기와 장소에 따라 '나도 그 생각하고 있었어.' '그렇고말고.' 등으로 말할 수 있죠. 사과할 때도 SORRY만 말고 미안한 이유와 적절한 해명을 넣어서 현명하게 말하는 방법을 익혀 보세요. 이제까지 왜 이 말만 했을까 싶을 정도로 말할 맛이 새록새록 납니다.

001 **난 잘 지내고 있어.**
I'm doing well.

—— **do well** 잘 지내다

002 **그냥 안부 인사차.**
I just wanted to say hi.

—— **say hi** 안부 인사를 하다

003 **나중에 또 보자.**
I will see you around.

—— 미리 약속해서 만나는 게 아니라 오가며 또 보자는 의미

004 **아니 이게 도대체 얼마 만이야?**
I have not seen you in how long?

—— I have not seen you in까지는 평서문의 느낌으로, how long은
의문문의 느낌으로 발음

005 걔하고 얘기한 지도 벌써 몇 년 됐네.

I haven't talked to him in years.

—— **in years** 몇 년 동안
부정문에서는 '~ 동안'의 의미로 for 대신 in을 사용

006 나 금방 가봐야 해.

I can't stay long.

—— **stay long** 오랜 시간 머물다

007 늦기 전에 가봐야 해.

I can't be late.

—— **can** 가능성을 의미

008 네가 옆에 있으니까 좋네.

It's nice having you here.

—— **have you here** 너를 옆에 두고 있다

009 힘들었겠다.

That had to be rough.

—— **had to** ~이었음이 틀림없다　**rough** 힘든

010 그렇게 해 주면 저야 고맙죠.

By all means.

—— 공손한 표현으로 친구 포함 누구에게든 사용 가능

011 고맙다고 좀 전해 줘.

Say thanks for me.

—— **say thanks** 고맙다고 말하다

012 시간 내주셔서 정말 감사합니다.

Thank you for making the time.

—— **make the time** 시간을 만들다, 시간을 내다

013 내가 도와줄게, 이리 줘 봐.

Let me help you with that.

—— **help you with** 네가 ~하는 것을 도와주다

014 실컷 울어라, 실컷.

Have a good cry.

―― **a good cry** 슬퍼서 눈물을 흘리는 시간

015 안부 전해 줘.

Tell him I say hi.

―― **say hi** 안부 인사하다

016 잘 지내라.

Be safe.

―― **safe** 탈 없이 안전한

017 너 오늘 무슨 일 있지.

Something's up with you today.

―― **something's up** 일이 생기다

018 이런 데서 너를 만나다니.

Fancy seeing you here.

―― **Fancy** 동사(ing): 생각하지도 않았던 일이 일어났을 때 놀라움의 표현
(영국식 구어)

019 이렇게 우연히 만나게 되어서 좋았어요.

Good to run into you.

—— **run into** ~을 우연히 만나다

020 그때 또 만나요.

Catch you later then.

—— **catch you later** 나중에 다시 만나자   **then** 그때

021 자주 연락하면서 지내자.

Don't be a stranger.

—— **stranger** 오랫동안 연락이 닿지 않아 낯선 느낌이 들 정도의 사람

022 그게 너한테 도움이 돼?

Does that help you?

—— **help you** 너에게 도움이 되다

023 별일 없는 거지?

Everything's okay?

—— **okay** 괜찮은, 별일 없는

024   그래도 괜찮겠어요?

Would that be okay?

—— **would** ~이겠다 (충분히 예견되는 일을 말할 때)

025   여기 혼자 있어도 괜찮겠어?

Are you going to be okay here by yourself?

—— **by yourself** 혼자서

001 내가 너 그 사람 마음에 들어 할 줄 알았어.

I knew you'd like him.

—— **like** ~을 마음에 들어 하다, ~이 마음에 들다

002 당신 한번 사귀어 보고 싶어요.

I want a relationship with you.

—— **relationship** 연인 관계

003 나 아직 그에게 관심 있어.

I still have a thing for him.

—— **have a thing for** ~에게 관심이 있다, ~을 좋아하다

004 난 이제 그 사람 완전히 잊었어.

I'm over him.

—— **be over somebody** 누군가를 마음속에서 완전히 지우다

사회적 동물의 시작, 교류와 인맥

MP3 07-01

005 나 걔하고 친하게 지냈어.

I was friends with her.

—— **be friends with** ~와 친하게 지내다

006 난 그 여자 딱 한 번 만났어.

I only met her once.

—— **once** 한 번

007 당신 말고 난 최근에 새로운 사람 만난 적 없어.

Aside from you, I haven't met anyone new lately.

—— **aside from** ~ 외에   **lately** 최근에

008 너희 둘 만나자마자 죽이 잘 맞네.

The two of you hit it off so well.

—— **hit it off** 두 사람이 만나자마자 죽이 잘 맞다

009 걔 옷 때문에 애들이 괴롭혔다네.

She got bullied because of her clothes.

—— **get bullied** 힘센 아이들에게 괴롭힘을 당하다

010 우리가 평소에 그렇게 자주 만나는 편은
아니야.

We don't see each other that often.

—— **see** ~을 만나다 **that often** 그렇게 자주

011 우린 서로 말이 통해.

We talk the same language.

—— **talk the same language** 생각이나 경험이 비슷해서 서로 말
이 통하다

012 우린 서로 마주하고 앉았어.

We sat down opposite each other.

—— **opposite each other** 서로 마주하고

MP3 07-02

013 우리 한 번도 만난 적 없죠.

We've never actually met.

—— **actually** 사실, 정말

014 우린 아직 서로 알아가는 단계야.

We're still getting to know each other.

—— **get to know** ~을 알게 되다

015 우린 대화하는 데 문제없어.

We have no trouble talking.

—— **have no trouble ~ing** ~하는 데 문제없다

016 우린 서로 안 맞아.

The chemistry doesn't work between us.

—— **chemistry** 사람 사이에 강하게 이끌리는 것, 궁합
work between us 우리 사이에 잘 반응하다, 우리 사이에 잘
이루어지다

017 친구가 서로 헐뜯고 공격하는 건 아니잖아.

Friends don't turn on each other.

—— **turn on somebody** 누구를 갑자기 공격하다

111

018 너 이미 마음은 정해졌잖아.

Your mind is made up.

—— **make up one's mind** 결심하다

019 그렇게 해야 남들과 어울릴 수 있는 거야.

That's the way society works.

—— **society** 교제, 어울림   **work** 효과를 보다

020 모인 사람들이 다 좋아.

It's a good crowd.

—— **crowd** 특정한 집단이나 사람들

021 사람들 정말 많이 모였네.

This is quite a turnout.

—— **quite** 대단한   **turnout** 모인 사람(참가자)의 수

022 말하는 걸 들으니 너 걔 좋아하는구나.

It sounds like you like him.

—— **sound like** 말하는 게 ~처럼 들리다

023 너 걔 절대 놓치지 마.

Hold on to him.

—— **hold on to** ～을 지키다
그와 헤어지지 말고 끝까지 가라는 의미

024 늦었지만 제 소개를 드리겠습니다.

Let me belatedly introduce myself.

—— **belatedly** 뒤늦게

025 형제자매 있어요?

Do you have siblings?

—— **sibling** 형제자매

026 참석할 거야?

Are you going?

—— 모임이 있다거나 행사에 초대받은 상대에게

027 다시 또 데이트하기로 했어?

Are you going out again?

—— **go out** 데이트하다

028 그게 나하고 무슨 상관인데?

What does that have to do with me?

—— **have something to do with** ~와 관계가 있다

029 여기 혼자 왔어요?

Are you here by yourself?

—— **by oneself** 다른 사람 없이 혼자서

030 걔하고 무슨 얘기를 하고 싶었던 거야?

What did you want to talk to him about?

—— **talk to him about** 그와 ~에 대해서 대화하다

031 너 다나 루이스라는 여자 알아?

Do you know a woman called Donna Lewis?

—— **called** ~라 불리는

MP3 07-04

032 걔 만났어?

Have you seen him?

—— **have seen him** 그를 이미 만났다   **see him** 그를 만나다

8 #동의/호응/칭찬/안도/인정/감탄

001 당연히 기억하지.

I do remember.

—— 동사 앞에 **do**를 넣어서 그 의미를 강조

002 그렇겠지.

I'm not surprised.

—— **be not surprised** 놀라지 않는다, 놀랄 일이 아니다

003 말 안 해도 딱 보면 알겠네 뭐.

I can tell.

—— **tell** 구별하다, 분간하다

004 난 그렇게 해도 아무 상관없어. 좋아.

I'm happy with it.

—— **be happy with** ～에 만족하다, ～해도 상관없다

005 전 칭찬받을 만한 자격이 없어요.

I don't merit it.

—— **merit** 칭찬이나 관심을 받을 만하다 (격이 갖춰진 단어)

006 나도 똑같은 생각을 하고 있었어.

I was thinking the same thing.

—— **the same thing** 똑같은 것

007 그 말을 들으니 안심이 좀 되네.

I like hearing that.

—— **like** ~이 마음에 들다, ~이 안심이 되다

008 그렇긴 하더라.

I noticed.

—— **notice** 목격하다, 눈치채다
나도 목격했다 즉, 그렇더라 라고 동의하는 표현

009 상상이 되네요, 상상이.

I can imagine.

—— **imagine** 상상하다

010 너 지금 무슨 생각하고 있는지 내가 잘 알아.

I know what you're thinking.

—— **know** ~을 잘 알고 있다 **be thinking** 지금 생각하고 있다

011 누구나 했을 일을 한 것뿐인데 뭐.

I did what anyone would do.

—— **what anyone will do** 누구든 당연히 할 일

012 내가 잘못 생각했어.

I was wrong.

—— **wrong** 잘못된, 틀린

013 나도 그렇다고 들었어.

So I've heard.

—— **so** 그렇게

014 네가 그렇게 말해 주니까 기분은 정말 좋네.

I'm so happy you said that.

—— **happy** 기분이 좋은

015 나도 알아. 내가 골칫덩어리라는 거.

I know I'm a liability.

—— **liability** 골칫거리, 문제덩어리

016 나머지는 내가 다 알아서 할게.

I'll take care of everything else.

—— **take care of** ~을 신경 쓰다

017 그런 걸 기억하고 있다니.

I'm impressed you remembered that.

—— **be impressed** 감명받다 **remember** ~을 기억하다

018 너만 그런 거 아니야. 너무 걱정하지 마.

You're not alone.

—— **alone** 혼자인, 경험한 사람이 혼자뿐인

019 두말하면 잔소리지.

You're telling me.

—— 이미 익히 알고 있는 얘기를 상대가 말할 때 그 말에 전적으로 동의한
다는 의미

020 좋지, 아주 좋아.

Now you're talking.

—— 상대의 제안에 대한 격한 동의

021 그렇다고 볼 수 있지.

You could say that.

—— **could** 특별한 상황에서의 가능성을 말할 때

MP3 08-03

022 넌 언제든 환영이지.
You're welcome any time.

—— **welcome** ~해도 좋은 **any time** 언제든

023 그건 네 말이 맞아.
You're right about that.

—— **be right about** ~에 대해서 옳다

024 당연히 그렇고말고.
You got it.

—— 상대의 말이 옳다고 인정할 때나 상대의 말대로 준비가 되었음을
강조해서 말할 때

025 본인의 생각을 아주 잘 설명하시네요.
You're good at explaining your thinking.

—— **be good at** ~을 잘하다 **thinking** 생각

026 도대체 이게 다 웬일이야.
You're kidding.

—— 의외의 상황을 접해서 믿어지지 않음을 의미

121

027 최악의 고비는 넘겼어.

Crisis is over.

—— **crisis** 위기, 최악의 고비   **be over** 끝나다

028 나도 그 생각하고 있었어.

That's just what I was thinking.

—— **what I was thinking** 내가 생각하고 있던 것

029 네가 이렇게 무사한 건 정말 기적이야.

It's a miracle you're in one piece.

—— **miracle** 기적
be in one piece 무사한 상태이다 (뼈 하나 부러지지 않고 건강하고 안전한 상태)

030 그럴 수 있지.

It makes sense.

—— **make sense** 타당하다, 합리적이다

031 그 말 괜찮네.

That's a good line.

—— **line** 말, 대사

MP3 08-04

032 그 정도면 됐어.
That'll do.

—— **do** 적절하다, 충분하다

033 그 정도면 정말 대단한 선물이지.
That's quite a present.

—— **quite** 대단한, 굉장한

034 맞네 뭐.
That confirms it.

—— **confirm** ~이 사실임을 보여주다
부정하지만, 표정이나 말투를 보니 사실임이 분명할 때

035 그건 정말 다행이네.
That's a relief.

—— **relief** 안도, 안심

036 그거 쟤(걔) 맞아.
That's him.

—— 그에 대해서 정확히 기억하고 있음을 의미

123

037 성취감이 생겨서 아주 좋은 일이야.

It's really fulfilling.

―― **fulfilling** 성취감을 주는

038 그렇게 예를 들어주니 제대로 이해가 되는군.

That answers that.

―― **answer** ~에 제대로 답하다

039 정말 환상적이었어요.

That was sensational.

―― **sensational** 환상적인, 매우 훌륭한

040 깜짝 놀라게 해 주겠다던 게 이거야?

This is your surprise?

―― **surprise** 깜짝 놀라게 하기

041 그것도 맞는 말이네.

Good point.

―― **point** 핵심, 중요한 것

MP3 08-05

042 대박!

Fantabulous!

—— 대단히 훌륭함을 강조한 속어 (Fantastic + Fabulous = Fantabulous)

9 #사과/양해/변명/유감/후회/환기

001 나쁜 뜻으로 한 말 아니었어.

I didn't mean that in a bad way.

—— **mean** ~을 의도하다   **in a bad way** 나쁜 식으로

002 내가 미처 생각 못했어. 내 생각이 짧았어.

I wasn't thinking.

—— **wasn't thinking** 생각하지 않고 있었다

003 깜짝 놀라게 하려던 건 아니었어요.

I didn't mean to startle you.

—— **mean to** 일부러 ~을 하다   **startle** ~을 놀래키다

004 나 지금 변명하려는 거 아니야.

I'm not trying to make excuses.

—— **make excuses** 변명하다

005 난 선택의 여지가 없었어.

I didn't have a choice.

—— **have a choice** 선택의 여지가 있다   **choice** 선택

006 그건 아무런 의미 없이 한 행동이었어.

I didn't mean anything by it.

—— **don't mean anything** 아무런 의미도 부여하지 않다

007 진작에 너에게 보여주고 의견을 물었어야 했는데.

I should have run it past you.

—— **should have + 과거분사** ~했었으면 좋았을 텐데
run it past you 너의 의중을 파악하기 위해서 그것을 너에게 보여주거나 말하다

008 오래 걸려서 정말 미안해요.

I'm really sorry I took so long.

—— **take so long** 시간이 아주 오래 걸리다

009 널 이 일에 끌어들여서 미안해.

I'm sorry to have dragged you into this.

—— **drag you into** 아무 상관없는 너를 ~에 끌어들이다

010 괜히 혼자 투덜대서 미안해.

I'm sorry for moaning.

—— **moan** 투덜대다, 불평하다

011 내가 그런 의도로 했던 말은 아니었어.

I didn't mean it like that.

—— **mean** ~을 의도하다 **like that** 그런 식으로

012 안 그래도 너한테 말하려고 했어.

I meant to tell you.

—— **meant to** ~을 하려고 했다

013 당신 기분이 상했을 텐데.

You're probably offended.

—— **offended** 기분이 상한, 불쾌한

014 그게 단지 그것 때문만은 아니야.

It's not just that.

—— **not just that** 딱 그것만은 아닌

015 그런 걸 뭐 어쩌겠어요.

It is what it is.

—— 직역하면 '그것이 현재의 상태이다.'

016 그냥 술 취해서 한 말이었어.

It was the booze talking.

—— **booze** 술(격 없이 사용)
booze talking 술 취해서 하는 말

017 정말 너무 갑작스럽게 생긴 일이었어.

It was really sudden.

—— **sudden** 갑작스러운, 갑작스럽게 생긴

018 괜히 너를 불안하게 만들 필요까진 없었어.

There was no need to alarm you.

—— **alarm** ~을 불안하게 만들다

019 너 들으라고 한 얘기 아니야.

That was not meant to be a comment on you.

—— **be meant to be** ~로 의도되다
comment on ~에 대한 지적(비판)

020 그 말 들으니까 생각나네.

That reminds me.

—— **remind** ~에게 상기시키다

021 너무 촉박하게 말씀드려서 죄송해요.

Sorry for the short notice.

—— **short notice** 촉박한 통보

022 괜히 나 때문에 돌아가는 거 아니야?

Is that out of your way?

—— **out of one's way** 원래 가야 할 길에서 벗어난

023 그게 무슨 문제라도 돼?

Is that a problem?

—— **problem** 문제, 문제점

024 그 자리에 좀 앉아도 돼요?

Is that seat taken?

—— **seat taken** 이미 임자 있는 자리

025 불편해도 이거 그냥 계속 쓰면 안 될까?

Can't I just stick with this?

—— **stick with** 힘들고 불편해도 뭔가를 계속 이용하다

026 오늘 밤 여기에서 자고 가도 되나?

Can I crash here tonight?

—— **crash** 원래 자던 곳이 아닌 다른 곳에서 잠을 자다 (비격식)

027 우리가 어디까지 얘기했더라?

Where were we?

—— **Where am I?** 여기가 어디예요?

그냥 안부 인사차.   아니 이게 도대체 얼마 만이야?

그렇게 해 주면 저야 고맙죠.

실컷 울어라, 실컷.

이런 데서 너를 만나다니.

자주 연락하면서 지내자.   **난 이제 그 사람 완전히 잊었어.**

우린 서로 말이 통해.

너희 둘 만나자마자 죽이 철 맞네.

우린 서로 안 맞아.   너 개 절대 놓치지 마.

참석할 거야?   그렇겠지.

말 안 해도 딱 보면 알겠네 뭐.

누구나 했을 일을 한 것뿐인데 뭐.

그렇긴 하더라.

두말하면 잔소리지.

그 정도면 됐어.

도대체 이게 다 뭔일이야.

나도 알아. 내가 골칫덩어리 라는 거.

그렇게 예를 들어주니 제대로 이해가 되는군.

그것도 맞는 말이네.

대박! 최악의 고비는 넘겼어.

내가 미처 생각 못했어. 내 생각이 짧았어.

그런 걸 뭐 어쩌겠어요.

안 그래도 너한테 말하려고 했어.

너 들으라고 한 얘기 아니야.

우리가 어디까지 얘기했더라?

PART 3

건강하게 동안으로
자유 의지대로 살아요
(약속, 건강, 용모에 대해)

스트레스가 많은 요즘, 사람들이 정말 관심을 많이 가지는 부분이 바로 건강과 식생활입니다. 당연히 그에 관한 얘기도 많이 하지요. 이번 파트에서는 몸의 상태를 말하는 다양한 표현과 식생활 관련 표현을 집중 공략합니다. 특히 식생활에서는 식사 권하기 등 아침부터 밤까지의 시간 흐름을 따라 문장을 읽어 보세요. 이런 건강 못잖게 중요한, 매일 신경 쓰는 일은 뭘까요? 옷을 입고 용모를 다듬는 것이죠. 용모에 관련된 표현과 외모 묘사하기도 이번 파트에서 잘 익혀 보세요. 의외로 쓸모가 무척 많답니다.

001 뭔가 더 의미 있는 일을 해야겠어.

I need to do something more meaningful.

—— **meaningful** 의미 있는

002 난 금방 갈 거야.

I'm not staying.

—— **not staying** 머물지 않고 곧 떠나는

003 빨리 해 보고 싶어요.

I can't wait.

—— **can't wait** 기다릴 수 없다, 빨리 하고 싶다

004 그 얘기 잘 전달하겠습니다.

I'll pass that on.

—— **pass that on** 그 말을 전달하다

005 내가 직접 전달할게.

I'll deliver it in person.

—— **deliver** ~을 전달하다   **in person** 직접

006 네가 찾아왔었다고 (걔한테) 전해 줄게.

I'll tell her you came by.

—— **come by** 잠깐 들르다

007 나 진짜 가봐야 해.

I should really be going.

—— **should be going** 가봐야 하다

008 처음부터 다시 시작하고 싶어.

I want to start over.

—— **start over** 처음부터 다시 시작하다

009 내가 곧 알아낼 거야.

I'll soon find out.

—— **find out** 끝까지 알아내다

010 일단 네 말을 그대로 믿어보지 뭐.

I'll take you at your word.

—— **take one at one's word** 누구의 말을 액면 그대로 믿다

011 네 말이 맞았으면 정말 좋겠다.

I sure hope you're right.

—— **I sure hope** ~이면 정말 좋겠다

012 그런 말 전에도 많이 들어 보셨죠.

I'm sure you've heard it before.

—— **have heard it before** 그 말 전에도 들어봤다

013 내가 계획을 다 세워 놓았었는데.

I had it all planned.

—— **have it all planned** 모든 것을 계획해 놓다

MP3 10-02

014 난 그런 거 하나도 관심 없어.

I'm not interested in any of that.

—— **be interested in** ~에 관심이 있다
any of that 그런 것 어느 것도

015 넌 줄 알았어.

I knew it was you.

—— knew와 was의 '시제 일치'에 유의

016 난 계획대로 하는 게 좋아.

I love sticking to the plan.

—— **stick to** ~을 고수하다
stick to the plan 계획한 대로 하다

017 너 약속한 거다.

I have your word.

—— **word** 약속, 말

018 네가 원하는 건 뭐든지 다 될 수 있어.

You can be whatever you want to be.

—— **whatever you want to be** 네가 되고 싶은 것은 무엇이든지

019 너 이거 정말 확실한 거지?

You're really sure about this?

—— **be sure about** ~에 대해서 확신하다

020 다 읽고 나서 너 빌려줄게.

You can borrow it when I'm done.

—— **borrow** ~을 빌리다   **be done** 다 끝나다, 다 읽다

021 일등석을 타고 왔다고?

You flew first class?

—— **fly first class** 일등석을 타다

022 시간에 딱 맞게 왔네.

You're right on time.

—— **right on time** 시간이 딱 맞는, 정시에 이루어진

MP3 10-03

023 약속을 꼭 하고 오셔야 합니다.

You'll have to make an appointment.

—— **will have to** 앞으로 ~을 꼭 해야 하다

024 네 시쯤 괜찮겠어요?

You wanna say around four?

—— **You wanna say ~?** ~이면 네게 괜찮을까?
around four 4시경

025 그는 30분 후에 도착했어.

He arrived half an hour later.

—— **arrive** 도착하다 **half an hour** 30분
later 나중에, 후에

026 우리 오늘 밤에 만나기로 약속했어.

We made plans for tonight.

—— **make plans for** ~에 만나기로 약속하다

027 네 얘기는 진짜 시시하고 재미없어.

Your story is so banal.

—— **banal** 시시한, 진부한, 재미없는

028 백 번 말함 뭐해. 이 사진을 봐.

A picture's worth a thousand words.

—— '백문이 불여일견'에 해당하는 영어 속담

029 그런 걸 계획하는 사람이 어딨어.

People seldom plan on it.

—— **seldom** 거의 ~하지 않는　　**plan on** ~을 계획하다

030 그럴 만한 값어치가 충분히 있을 거야. 한번 해 보자고.

It'll be worth it.

—— **worth** ~의 값어치가 있는

031 너한테 꼭 해 줄 말이 있어.

There is something I need to tell you.

—— **need to tell you** 너에게 꼭 말해야 하다

032 다시는 이런 일 없는 거야, 알았지?

This will never happen again, right?

—— will 확실한 미래의 의미를 전할 때 사용

033 분명히 그렇게 될 거야.

It's going to happen.

—— **be going to** 확실히 ~하게 될 것이다

034 스케줄 정말 엄청나네.

That's quite the schedule.

—— **quite** 대단한   **quite the schedule** 엄청난 스케줄

035 그거 말고는 별일 없어.

Other than that, not much.

—— **other than** ~ 외에는   **not much** 별일 없는

036 나한테 꼭 좀 알려줘.

Be sure to let me know.

—— **be sure to** 꼭 ~을 하다   **let me know** 내게 알려주다

037 그걸 내가 모를까 봐.

Don't I know it.

—— 당연히 이미 알고 있다는 말을 역설적으로 강조한 말

038 이건 확실히 짚고 넘어가야겠어.

Let me get this straight.

—— **get something straight** 뭔가를 확실히 짚고 가다

039 전혀 예상하지 못했던 일이 생겼어.

Something unexpected has come up.

—— **unexpected** 예상하지 못한   **come up** 생기다, 일어나다

040 이걸 좀 갖다 둬야겠어요.

Let me just drop this off.

—— **drop something off** 뭔가를 갖다 두다

041 내가 방해돼?

Am I in your way?

—— **in one's way** 누구의 길을 막는, 누구를 방해하는

042 지금 저한테 말씀하시는 거예요?

Are you talking to me?

—— **talk to** ~와 대화하다

043 할 얘기 다 했어?

Are you done?

—— **be done** 하고자 하는 것을 다 끝내다

044 지금 그 말씀을 하시는 거예요?

Is that what you're saying?

—— 상대가 한 말을 확인차 풀어서 설명한 후에

045 그게 지금 효과가 나타나고 있는 거야?

Is it working?

—— **be working** 효과가 나타나고 있다

046 앞으로는 계속 이렇게 하는 거야?

Is this a permanent thing?

—— **permanent** 영구적인

047 그게 다야? 더 해 줄 말 없어?

Is that all I'm gonna get?

—— **I'm gonna get** 내가 얻어가다

048 이름은 정했어?

Did you decide on a name?

—— **decide on** ~을 정하다

049 나 때문에 자다가 깬 거야?

Did I wake you?

—— **wake** ~을 깨우다

050 넌 (오늘) 뭐할 거야?

What are your plans?

—— **plan** 계획, 약속

051 오늘 일정은 어떻게 돼? 오늘 뭐 해요?

What's on your agenda today?

—— **agenda** 안건, 일정

MP3 10-06

052 네가 좋아하는 건 뭔데?

What is your thing?

—— **your thing** 네가 좋아하는 것, 너에게 맞는 것

053 넌 걔가 어디가 그렇게 좋아?

What do you see in him?

—— **see something in somebody** 누군가에게서 뭔가를 보다

054 아까 누구하고 얘기한 거야?

Who was that you were talking to?

—— **that** 그 사람   **talk to** ~와 대화하다

055 다음 주말에 뭐 해요?

What are you doing next weekend?

—— 현재진행으로 이미 정해진 가까운 미래를 말함

056 우리 이 얘기 이미 하지 않았나?

Haven't we talked about this?

—— 현재완료로 과거의 경험을 말함

147

057 내가 도대체 언제 그런 말을 했다는 거야?

When have I ever said that?

—— **ever** 도대체

현재완료를 이용하여 과거의 경험을 말함

058 넌 어떻게 생각해?

What do you reckon?

—— **reckon (= think)** ~라고 생각하다 (영국식 구어)

059 저 만났던 거 기억나세요?

Do you remember seeing me?

—— 동명사(seeing)에는 과거의 의미가 포함

060 내가 뭘 물어보려고 했더라?

What was I going to ask?

—— **was going to** ~을 하려고 했다

061 확인하겠다는데 그렇게 잘못된 거야?

Would it be so wrong to make sure?

—— **wrong** 잘못된   **make sure** 확인하다

062 내가 정확히 압축해서 설명한 거 맞아?

Have I summed that up correctly?

—— **sum up** ~을 압축해서 설명하다　**correctly** 정확히

001 나 감기 걸릴 것 같은데. ▶

I think I've got a cold coming on.

—— **coming on** 다가오는

▶ EXPRESSIONS

> **I've got a cold.**
> 나 감기 걸렸어.

002 나는 일주일에 세 번 운동 다녀.

I hit the gym three times a week.

—— **hit the gym** 체육관으로 운동 다니다

003 샤워를 좀 해야겠다.

I'm going to grab a shower.

—— **grab a shower** 샤워를 하다

MP3 11-01

004 샤워 먼저 하고 싶어.

I want a shower first.

—— **want a shower** 샤워하고 싶다

005 오늘 아침 운동을 못했네.

I missed my workout this morning.

—— **miss** ~을 놓치다　**workout** 건강을 위한 운동

006 어디에서 담배 냄새가 나네.

I smell smoke.

—— **smoke** 담배 연기

007 그냥 입맛이 없어서 그래.

I simply have no appetite.

—— **simply** 그저　**appetite** 식욕, 입맛

008 메뉴에 있는 거 하나씩 다 먹어보는 거야.

I'm working my way through the menu.

—— **work one's way through** 애써서 끝까지 ~을 시도하다

009 갑자기 배가 확 고프네.

All of a sudden, I'm starving.

—— **all of a sudden** 갑자기   **starving** 몹시 배고픈

010 하루 지나면 괜찮아질 거야.

Twenty-four hours and I'll be fine.

—— **twenty-four hours** 하루 지나면, 하루 쉬면

011 내가 와인을 그다지 잘 못 마셔.

I've never been a big wine drinker.

—— **a big wine drinker** 와인을 잘 마시는 사람

012 나는 수업 끝나고 가볍게 뭘 좀 먹을 거야.

I'll have something light after class.

—— **have** ~을 먹다 　**something light** 가벼운 것

013 나 지금 차 한 잔 끓이고 있어.

I'm just making a cup of tea.

—— **make tea** 차를 끓이다

014 나 몸이 안 좋아.

I don't feel well.

—— **not feel well** 몸이 좋지 않다

015 내가 지금 몸이 안 좋아서 그래.

I'm feeling lousy.

—— **feel lousy** (가까운 사이에서 격없이 쓰는 말) 몸이나 기분이 안 좋다
진행형일 때는 주로 '몸 상태'를 의미

016 나 지금 금방이라도 기절할 지경이야.

I'm going to pass out any minute.

—— **pass out** 기절하다 　**any minute** 금방이라도

017 토하고 나니까 좀 괜찮아.

I feel better since I threw up.

—— **feel better** 몸이 좋아지다   **throw up** 토하다

018 그럭저럭 버티며 살고 있어.

I'm holding my own.

—— **hold one's own** 잘 견디며 버티다

019 이젠 늙어서 새벽녘까지 술 마시는 건 못하겠어.

I'm too old to drink until near dawn.

—— **too old to** 너무 나이 들어 ~할 수 없는
near dawn 새벽녘

020 내가 잠도 못 자, 요즘.

I've been losing sleep.

—— 뭔가 걱정이 있어서 잠을 못 잔다는 의미

021 내가 그동안 아팠잖아.

I've been ill.

—— **ill** 아픈, 병든 (영국에서 주로 사용; 미국에서는 **sick**)
현재완료를 통해서 '그동안'의 의미를 전함

022 너 아프려나 보다.

You must be getting sick.

—— **must** ~임에 틀림없다　**get sick** 아프게 되다

023 넌 그냥 몸 낫는 것에만 집중해.

You just concentrate on feeling better.

—— **concentrate on** ~에 집중하다　**feel better** 건강해지다

024 너 연고 발라야 해.

You need ointment.

—— **ointment** 연고

025 또 다치지 말고.

You don't want to hurt yourself again.

—— **You don't want to** ~하지 않도록 하다
hurt oneself 다치다

155

026 확실히 열이 나네.

You're definitely running a fever.

—— **definitely** 분명히, 확실히 　**run a fever** 열이 나다

027 너 좀 걸어야 해.

You could use a walk.

—— **could use** ~을 필요로 하다 　**a walk** 걷기, 산책

028 언제 이렇게 다 컸니 그래!

You're so grown up!

—— **be grown up** 성인이 되다, 다 성장하다

029 너 정크푸드를 너무 많이 먹잖아.

You're eating too much junk.

—— **junk(= junk food)** 건강에 좋지 않은 음식 (인스턴트 음식이나 패스트푸드)

030 이미 많이 드셨어요.

You've had enough.

—— 술이나 음식을 정량 이상으로 충분히 마시거나 먹었다는 의미

031 너 오늘 병원 가는 날이잖아.

You have to see a doctor today.

—— **have to** ~을 해야 하다 (스케줄에 있기 때문에 당연히 할 일)

032 너 그러다 정말 큰일 난다. 병원 가야 해.

You must see a doctor.

—— **must** ~을 해야만 하다 (하지 않으면 문제가 발생할 일)

033 너 꼭 병원 가봐야 해.

You should see a doctor.

—— **should** ~을 해야 하다 (강력한 권유)

034 너 몸 상태가 좀 안 좋아 보여.

You look a little off yourself.

—— **off oneself** 원래의 모습에서 벗어난 상태인

157

035 너 치실질해야 해.

You need to floss your teeth.

—— **floss one's teeth** 치실질하다

036 걔 요즘 우울증 치료받고 있잖아.

He's being treated for depression.

—— **be being treated for** ~때문에 현재 치료받고 있다
treat ~을 치료하다 **depression** 우울증

037 몸이 펄펄 끓어요.

He's burning up.

—— **burn up** 몸에서 열이 펄펄 끓다

038 애가 하루가 다르게 쑥쑥 커.

He's getting bigger each day.

—— **get bigger** 점점 성장하다 **each day** 하루하루

039 걔 몸이 안 좋아.

He came down with something.

—— **come down with** ~의 병에 걸리다

040 전염되는 것일 수도 있어.

He's probably contagious.

—— **probably** 아마도
contagious 접촉성 전염병에 걸린 상태인

041 걔 지금 막 퇴원했어.

She just got discharged.

—— **get discharged** 퇴원하다

042 걷는 게 건강에 좋아요.

Walking's good for me.

—— **walking** 걷는 행위   **good for** ~의 건강에 좋은

043 나 진짜 좀 걸어야 해.

A walk is just what I need.

—— **walk** 걷기, 산책   **what I need** 내게 정말 필요한 것

044 머리에 담배 냄새가 뱄어.

My hair smells of smoke.

—— **smell of** ~의 냄새가 나다

045 목이 아파 오네.

My throat is getting sore.

—— **throat** 목　**sore** 염증이 생겨서 아프거나 따가운

046 열은 다 내렸어.

My fever is gone.

—— **fever** 몸에 나는 열　**be gone** 사라지다

047 여기는 악취가 나.

This place smells.

—— **smell** 나쁜 냄새가 나다

048 이마의 열이 아까보다 내렸어.

His forehead's cooler.

—— **forehead** 이마
be cooler 더 시원해지다, 열이 전보다 내리다

049 점심이야 뭐 나야 언제든 좋지.

Lunch would be great.

—— **would** 과거부터 있었던 전형적인 일을 말할 때

MP3 11-06

050 음식 끝내 줘.

The food is fabulous.

—— **fabulous** 기막히게 좋은, 끝내 주는 (격의 없이 말하는 구어체)

051 안색이 좋아졌네.

Your color's better.

—— **color** 얼굴의 핏기, 혈색   **better** 나아지다

052 그 약 먹으면 잠 좀 잘 수 있을 거야.

The tablets will help you sleep.

—— **tablet** 둥글넓적한 모양의 알약
help you sleep 자는 데 도움을 주다

053 그렇게 하면 운동 돼.

It's a good workout.

—— **workout** 운동

054 그냥 잠깐 걷는 건데 뭐.

It's a bit of a walk.

—— **a bit of a walk** 잠깐 걷기

055 그건 건강에 좋지 않아.

It's not healthy.

—— **healthy** 건강에 좋은 (식습관, 생활습관 등)

056 회복되는 데 시간 오래 걸렸어.

It took a long time to recover.

—— **take a long time** 오랜 시간이 걸리다　**recover** 회복하다

057 바깥 날씨가 그 정도로 춥지는 않아.

It's not that cold out.

—— **that cold out** 바깥이 그렇게 추운

058 바람이 심하지 않네.

There isn't a lot of wind.

—— **a lot of wind** 심한 바람

059   이거 진짜 맛있네.

This is so good.

—— **good** 맛있는

060   아무거나 먹지 말고 엄격하게 지켜야 해.

Be strict about what you eat.

—— **be strict about** ~을 엄격하게 지키다

061   아무리 간단해도 집밥보다 나은 건 없지.

Can't beat a little home cooking.

—— **beat** ~을 물리치다   **a little** 간단한
home cooking 집밥

062   이불 덮어.

Cover yourself up.

—— 추워서 이불을 덮든지 옷을 더 껴입으라는 의미

063 샤워해.

Hit the shower.

—— take a shower 대신에 격의 없이 말할 때 던지는 말

064 좀 씻어요.

Clean yourself up.

—— **clean oneself up** 몸을 깨끗이 씻다

065 기운좀 내요!

Come on. Lighten up!

—— **Come on**. 어서, 자   **lighten up** 기운을 내다

066 점심 어땠어?

How was lunch?

—— **How was ~?** ~의 상태가 어땠는가?

067 점심 먹었어?

Have you had lunch?

—— **have** 먹다   **have had** 이미 ~을 먹었다

MP3 11-08

068 뭐 좀 먹었니?

Did you eat?

—— **eat** 음식을 먹다

069 어디 가서 먹는 게 좋을까?

Where can we get some food?

—— **get some food** 음식을 먹다

070 불편한 것 없이 맛있게 잘 드셨습니까?

It's all good?

—— 식당에서 웨이터가 손님에게 하는 말

071 주문 결정하셨어요?

Do you know what you'd like?

—— 메뉴판을 보고 뭘 먹을지 결정했는가의 질문

072 여기에서 식사해본 적 있어?

Have you eaten here before?

—— **have eaten** 식사한 적이 있다

073 병원에는 가봤어?

Have you seen a doctor?

—— **see a doctor** 병원에 가서 진찰을 받다

074 도대체 무슨 병에 걸린 거야?

What did you catch?

—— **catch** ~의 병에 걸리다

075 깬 지 얼마나 됐어?

How long have you been up?

—— **have been up** 잠에서 깨어 있었다

076 왜 다시 안 자고?

Why didn't you go back to sleep?

—— **go back to sleep** 다시 자다

077 왜 그분들과 같이 안 가시고요?

Why didn't you join them?

—— **join** ~와 합류하여 같이 가다

078 바깥 날씨 어때?

What's it like out there?

—— **What's ~ like**? ~의 상태가 어때?

001 이 다크서클 어쩌면 좋아 이거.

I hate dark circles under my eyes.

—— dark circles은 전문용어, bags는 일반 구어체 영어표현

002 난 옷에 신경 안 써.

I don't care what I wear.

—— **care** ~에 신경 쓰다   **what I wear** 평소에 입는 것

003 편안한 옷으로 좀 갈아입어야겠어.

I have to change out of my clothes into something comfy.

—— **change out of my clothes into** 옷을 ~로 갈아입다
comfy 편안한 (**comfortable**을 줄인 단어)

004 먼저 옷부터 갈아입어야겠네.

I'm going to need to change first.

—— **change** 옷을 갈아입다

MP3 12-01

005 이 신발 신고 걷는 거 정말 싫어.

I hate walking in these shoes.

—— **in these shoes** 이 신발 신은 상태로

006 난 헬멧을 쓰면 머리가 헝클어져서 싫어.

I'm afraid of helmet hair.

—— **be afraid of** ~이 싫다
helmet hair 헬멧을 써서 헝클어진 머리

007 옷 따뜻하게 챙겨 입어.

You need to wrap up warm.

—— **wrap up** (**warm**) 옷을 따뜻하게 챙겨 입다

008 당신 그 옷 입으니까 정말 예쁘네.

You look great in that.

—— **in that** 그 옷을 입은 상태에서

169

009 옷 좀 괜찮은 거로 갈아입어.

You need a better outfit.

—— **outfit** 특별한 목적을 위해 입는 한 벌의 옷

010 예쁘다. 데이트 가나 봐.

You're dressed as if to go out.

—— **be dressed** 옷을 잘 차려 입다   **as if to** ~을 할 것처럼

011 어서 옷 입어.

You got to get dressed.

—— **get dressed** 옷을 입다
You got to(gotta) = You've got to

012 살이 정말 많이 빠졌네.

You've lost a lot of weight.

—— **lose weight** 살이 빠지다

013 얼굴이 빨개졌네.

You turned red.

—— **turn red** 빨개지다, 얼굴이 빨개지다

014 그는 후드 재킷을 입고 있었어.

He was wearing a hoodie.

—— **a hoodie** 후드 재킷

015 걔 무섭게 생겼어.

He's scary-looking.

—— **scary** 남을 무섭게 만드는　**scary-looking** 무섭게 생긴

016 그는 표정의 변화가 없어서 이해하기 정말 힘든 사람이야.

He's quite inscrutable.

—— **quite** 대단히
inscrutable 사람이나 표정이 헤아리기 어려운

017 걔 너하고 덩치가 비슷해.

He's about the same size as you.

—— **be about the same size as** ~와 크기가 거의 비슷하다

018 걔 얼굴을 찌푸리던데.

He pulled a face.

—— **pull one's face** 얼굴을 일그러뜨리다

019 걔 마르고 신경이 예민해.

He's thin and nervous.

—— **thin** 마른 **nervous** 신경이 예민한, 신경과민의
마른 사람이 신경이 예민하다는 의미로 사용

020 그 여자, 진짜 너무 예뻐서 숨이 멎을 지경이야.

She's absolutely breathtaking.

—— **breathtaking** 숨이 멎을 듯한

021 샴푸해도 소용없던데.

Shampoo didn't work.

—— **work** 효과 있다, 소용 있다

022 운동화가 완전 다 젖었어.

My sneakers are soaking wet.

—— **sneakers** 운동화 **soaking wet** 흠뻑 젖은

023 그 색깔 너한테 진짜 잘 어울린다.

The color is perfect on you.

—— **perfect on** ~에 완벽한

024 그는 머리를 하나로 묶은 상태였어.

His hair was tied in a ponytail.

—— **tied in a ponytail** 긴 머리를 하나로 묶은 상태인

025 첫인상은 틀리는 경우가 많아.

First impressions are often wrong.

—— **first impression** 첫인상 **wrong** 틀린, 잘못된

026 사람에게서 느끼는 인상은 주관적이야.

Impressions are subjective.

—— **impression** 인상 **subjective** 주관적인

027 그거 너한테 진짜 잘 어울리겠다.

It would look great on you.

—— **look great on** ~에게 아주 잘 어울리다

028 그거 진짜 너한테 딱이다.

It's absolutely you.

—— **absolutely** 완전히, 전적으로, 틀림없이

029 너한테 정말 잘 어울린다.

Suits you.

—— 옷이나 모자, 이름 등이 상대가 주는 느낌과 딱 맞을 때

030 후드 모자 써.

Pull your hood up.

—— **pull up** ~을 위로 잡아당기다   **hood** 외투에 달린 모자

031 머리 좀 단정하게 해 봐.

Fix your hair.

—— **fix** ~을 정리하다, 머리나 넥타이 또는 얼굴을 매만지다

032 나 옷 좀 갈아입을게.

Let me get out of these clothes.

—— **get out of clothes** 옷을 벗다

033 어떻게 더 예뻐졌어?

How did you get more beautiful?

—— **get beautiful** 예뻐지다   **more** 더욱더

034 머리 왜 그래?

What happened to your head?

—— **What happened to ~?** ～에 무슨 일이 생긴 거야?

그런 말 전에도 많이 들어 보셨죠.

너 약속한 거다.

넌 줄 알았어.

시간에 딱 맞게 왔네.

네 시쯤 괜찮겠어요?

백 번 말함 뭐해. 이 사진을 봐.

그거 말고는 별일 없어.

내가 방해돼?

할 얘기 다 했어?

넌 걔가 어디가 그렇게 좋아?

나 감기 걸릴 것 같은데.

그걸 내가 모를까 봐.

우리 이 얘기 이미 하지 않았나?

그냥 입맛이 없어서 그래.

내가 뭘 물어보려고 했더라?

갑자기 배가 확 고프네.

그럭저럭 버티며 살고 있어.

이젠 늙어서 새벽녘까지 술 마시는 건 못하겠어.

언제 이렇게
다 컸니 그래!

이미 많이 드셨어요.

열은
다
내렸어.

몸이 펄펄 끓어요.

애가 하루가 다르게 쑥쑥 커.

이불 덮어.

도대체
무슨 병에
걸린 거야?

기운 좀 내요!

불편한 것
없이 맛있게
잘 드셨습니까?

난 헬멧을 쓰면 머리가
헝클어져서 싫어.

이 다크서클
어쩌면 좋아 이거.

예쁘다. 데이트 가나 봐.

그 여자, 진짜 너무 예뻐서 숨이 멎을 지경이야.

그거 진짜 너한테
딱이다.

머리
왜 그래?

머리 좀 단정하게 해 봐.

나 지금 굶어 죽어도 기절할 지경이야.

PART 4

내가 누군지 드러내는
요소들에 집중해요
(업무, 학교, 통화, 돈에 대해)

외국계 회사에서 근무하거나 직장에 외국인 동료가 있다면 꼭 써 볼 수 있는 표현들을 묶었습니다. 요즘은 대학에도 외국인 유학생들이 많아서 영어를 쓸 일이 꽤 생길 수 있어요. 속 깊은 얘기까지는 힘들더라도 같은 공간에 있으면서 간단한 인사나 학교 관련 표현 정도는 할 수 있어야 하지 않겠어요? 친구들에게 꼭 직접 해보시길 권합니다. 이 외에 늘 손에 자석처럼 붙이고 다니는 휴대폰과 여러분의 또 다른 자기표현 방식인 SNS 관련 표현도 익혀 보세요.

13 #직장/일/업무/비즈니스/학교

001 회사에 일이 많아서 꼼짝 못 했어.

I got stuck at work.

—— **get stuck** 꼼짝 못 하다　**at work** 직장에서

002 나 지금 급히 회의 들어가야 해.

I've got to run to a meeting.

—— **run to** 서둘러 ~에 가다　**meeting** 회의

003 나 오늘 지각했어.

I was late to work today.

—— **be late to work** (직장에) 지각하다

004 사무실 잘 꾸며 놨네.

I like what you've done to the place.

—— **what you've done to** 네가 ~에 해 놓은 것

005 나 거기 그만두고 내 일 시작했어.

I left there and went out on my own.

—— **go out** 바깥세상으로 나가다
go out on one's own
구속된 테두리에서 벗어나 스스로 사업을 시작하다
on one's own 혼자서

006 아직 이익이 나진 않아.

I still haven't turned a profit.

—— **turn a profit** 이익을 내다

007 일에 파묻혀 지내지.

I'm buried.

—— **buried** 일에 파묻혀 있는 상태인

008 내가 할 일이 있거든.

I have things to do.

—— **thing to do** 할 일

009 이번 주에 네 사무실에 잠깐 들를게.

I'll swing by your office this week.

—— **swing by** ~에 잠깐 들르다

010 그런 상황을 만들어보려고 지금 작업 중이야.

I'm working on it.

—— **work on** ~을 작업하다

011 나 잘렸어.

I've been sacked.

—— be sacked는 구어체 속어로서 '직장에서 잘리다'의 뜻. 원래 영국에서 즐겨 사용되며 미국에서는 be fired가 주로 쓰임

012 별 소득 없이 바쁘기만 하네. 헛수고만 하고 있어.

I'm chasing my tail.

—— **chase one's tail** 소득 없이 바쁘기만 하다

013 내가 그 일에 적합할지 모르겠네.

I'm not sure I'm cut out for that.

—— **be cut out for** ~에 적합하다, ~에 딱 맞다

MP3 13-02

014 마무리하던 중이었어.

I was just finishing up.

—— **finish up** 일을 완전히 끝내다

015 나 방금 퇴근하고 집에 들어왔어.

I just came home from work.

—— **come home from work** 퇴근 후에 집에 들어오다

016 난 숨 쉴 틈도 없었어.

I barely had a second to breathe.

—— **barely** 가까스로   **a second to breathe** 숨 쉴 틈

017 나 같으면 너 당장 고용하겠다.

I'd hire you.

—— 너의 능력을 봤을 때 내 성격과 판단이라면 고용한다는 의미

018 지금 다른 가능성들을 다각적으로 확인하고 있어.

I'm looking into other possibilities.

—— **look into** ~을 조사하다, ~을 주의 깊게 살피다
possibility 가능성

019 그만 끝내고 퇴근하려고.

I decided to call it a day.

—— **call it a day** 일과를 마치다

020 나야 일을 좀 합리적으로 처리하려는 거지.

I'm just trying to be a little sensible.

—— **sensible** 합리적인, 분별 있는

021 저 아직 대학 다녀요.

I'm still in college.

—— **in college** 대학에 다니고 있는

022 나 수업 들어가야 해.

I should get to class.

—— **get to class** 수업에 참석하다

023 나야 수업 출석 잘하지.

I have good attendance.

—— **have good attendance** 출석을 잘하다
attendance 출석

024 하던 일 계속해야 해.

I should get back to work.

—— **get back to work** 하던 일로 돌아가다

025 아직 배우는 중이에요.

I'm still learning.

—— **learn** 배우다, 알아가다

026 그걸 통해서 많은 것을 배웠습니다.

I learned a lot from it.

—— **learn from** ~을 통해서 배우다

027 야간근무도 괜찮겠어요?

You don't mind working nights?

—— **mind** ~을 불편해하다   **work nights** 야간근무하다

028 너 내일 학교 못 가.

You should skip school tomorrow.

—— **skip school** 학교 결석하다

185

029 방금 들어오셨네요, 바꿔드릴게요.

He just walked in. I'll put him on.

—— **just** 방금 전에　**walk in** 들어오다
put somebody on (전화상에서) ~을 바꿔주다

030 출장 가셨습니다.

He's gone away on business.

—— **go away on business** 출장 가다

031 그녀가 계속 일하고 싶어 하는 건 당연하지.

No wonder she wants to keep working.

—— **no wonder** ~이 당연하다　**keep working** 계속 일하다

032 우리 대학 동기 동창이야.

We went to college together.

—— **go to college together** 대학을 같이 다니다

033 그 사람들 정리될 거야.

They are being let go.

—— **be being let go** 정리될 것이다　**be let go** 정리되다
let somebody go ~을 정리하다
직설적으로 '해고하다'가 아닌 우회적인 표현

034 학교 가는 거 지겨워.
School is boring.

—— **boring** 지겹게 만드는

035 다들 애들 교육 때문에 이쪽으로 몰려.
Everybody moves here for the education.
—— **move here** 이쪽으로 이사 오다　**education** 교육

036 방금 종 울렸네.
The bell just rang.
—— **just rang** 방금 울렸다

037 (놀러 가는 게 아니라) 출장 가는 거야.
It's a work trip.
—— **a work trip** 출장(비격식) (**business trip** 출장(격식))

038 그게 퇴근 후에 스트레스를 푸는 좋은 방법이야.
It's a good way to unwind after work.
—— **unwind** 스트레스를 풀다　**after work** 퇴근 후에

039 생각보다 일이 훨씬 잘 풀렸어.

It went a lot better than I thought it would.

—— **go a lot better** 훨씬 잘 되다

040 그게 제대로 안 풀렸어요.

It didn't work out.

—— **work out** 해결되다, 잘 풀리다

041 나 거기에서 학교 다녔어.

That's where I went to school.

—— **go to school** 학교에 다니다

042 그러면야 내가 일하는 데 도움이 많이 되지.

That'll help me out a lot.

—— **help out** 특정한 일에 도움을 주다

043 당분간 일을 좀 쉬엄쉬엄하도록 해요.

Take it a little easier for a while.

—— **take it easy** 일을 여유롭게 하다   **for a while** 당분간

044 우선순위를 잘 정하도록 해.

Keep your priorities in order.

—— **keep in order** 순서를 정하다   **priority** 우선순위

045 당장 중요한 일 걸린 거 없지?

Nothing major pending, is there?

—— **major** 중요한   **pending** 걸려 있는, 곧 있을, 임박한

046 말씀하신 대로 처리하겠습니다.

Anything you say.

—— 당신이 말한 것은 무엇이든지 그렇게 따르겠다는 의미

047 회사 일은 어때?

How are things at work?

—— **things** 상황, 일   **at work** 직장에서

048 그 일이 늘 바쁜 거예요?

Does it keep you busy?

—— **keep you busy** 너를 계속 바쁘게 하다

049 거기에서 일하기 어땠어?

How did you like working there?

—— **How did you like ~?** ~가 어땠는가?

050 이 사업을 시작하신 지는 얼마나 됐어요?

How long has this business been around?

—— **be around** 움직이다, 활동하다

051 늘 사전에 이렇게 많은 작업을 해두는 거야?

Do you always do this much work beforehand?

—— **this much work** 이렇게 많은 작업
beforehand 사전에

052 그 일을 통해서 이득은 좀 얻었어?

Did you get any benefit from it?

—— **benefit** 이득, 혜택

053 지금 휴가 중이야?

You're on holiday?

—— **on holiday** 휴가 중인
어느 정도의 확신을 가지고 질문할 때 평서문을 이용

054   금요일 밤에 나 대신 근무 좀 해 줄 수 있겠어?

Can you cover my shift on Friday night?

—— **cover one's shift** ~ 대신 근무하다

14 #통신/통화/SNS

001 무음으로 돌려놓을게.

I'll turn it on to silent.

—— **turn it on to** ~ 그것을 ~로 돌려놓다   **silent** 무음

002 난 휴대폰 없으면 불안해.

I feel twitchy without my phone.

—— **twitchy** 불안해하는, 초조해하는

003 나 셀카 찍는 거 좋아해.

I like taking selfies.

—— **take selfies** 셀카를 찍다

004 미안, 지금 전화 받기 괜찮아?

I'm sorry, is this a good time?

—— **good time** 전화 받기 편한 시간

005 전화기 꺼놨어.

I switched off my phone.

—— **switch off** ~의 전원을 끄다

006 네가 전화할 줄은 생각도 못했어.

I never thought you would call.

—— **I never thought** ~은 결코 생각하지 못했다
thought 과거시제로 인해서 will이 would로 바뀜

007 걔하고는 계속 연락 안 해.

I don't keep in touch with him.

—— **keep in touch with** ~와 계속 연락하다

008 홈페이지 확인해 봤어.

I checked out the website.

—— **check out** 처음부터 끝까지 잘 확인해 보다
website 홈페이지

009 겨우 들리네, 겨우.

I barely got you.

—— **barely** 가까스로, 겨우 **get you** 너의 목소리를 잡다
전화 연결 상태가 좋지 않아 목소리가 겨우 들릴 때

010 나 진짜 컴맹이야.

I'm hopeless with computers.

—— **hopeless** 절망적인. 능력이나 기술이 형편없는

011 내 메시지 받은 거 맞지?

You got my message, did you?

—— **message** 연락. 메시지

012 오늘 밤 약속 취소하려고 전화한 건 아니지?

You're not calling to cancel on me tonight, are you?

—— **cancel on** ~을 바람맞히다. ~와의 약속을 취소하다

013 인터넷에 들어가 보면 되지.

You can access the Internet.

—— **access** 컴퓨터에 접속하다

014 너 걔하고 셀카 꼭 찍어야 해.

You should get a selfie with him.

—— **get a selfie** 셀카를 찍다

015 숙제는 안 하고 전화만 붙들고 있네.

You're on the phone when there's homework.

—— **on the phone** 전화 통화 중이거나 문자 중인

016 그는 전화벨이 세 번째 울릴 때 받았어.

He picked up on the third ring.

—— **the third ring** 세 번째 전화벨 울림

017 걔 나한테 계속 전화질이야.

He keeps calling me.

—— **keep calling me** 나에게 계속 전화하다

018 전화 연결이 엉망이네.

The connection's terrible.

—— **connection** 연결　　**terrible** 엉망인, 형편없는

019 학교에서 또 이메일이 왔던데.

School emailed again.

—— **email** 이메일을 보내다

020 벨만 계속 울리고 전화를 안 받네.

It just keeps ringing.

—— **keep ringing** 계속 벨이 울리다

021 걔가 보낸 문자야.

It's a text from her.

—— **a text from** ~에게서 온 문자 메시지

022 그거 전화로 주문한 거야.

It was a phone order.

—— **a phone order** 전화 주문

023 전화(와이파이)가 터지지 않는 지역이었어.

There was no service.

—— 왜 전화나 문자를 하지 않았느냐는 질문에 대한 대답

024 너 평소에 전화를 그렇게 받니?

That's how you answer a phone call?

—— 전화를 버릇없이 받을 때

MP3 14-03

025 지금 페북에 들어가 봐.

Go on Facebook now.

—— **go on Facebook** 페북에 들어가다

026 나중에 문자 해.

Text me later.

—— **text** ~에게 문자하다 **later** 나중에

027 걔더러 스카이프로 내게 연락하라고 해.

Get her to Skype me.

—— **get her to** 그녀가 ~을 하게 하다
Skype 스카이프로 ~에게 연락하다

028 전화 줘. 아니면 문자라도 하던가.

Call me back, or at least text me.

—— **call me back** 내게 응답전화를 하다 **at least** 적어도

029 나 전화 좀 받을게.

Let me get that.

—— 전화벨이 울리는 상황에서 그 전화를 받겠다는 의미

197

030 잠깐만, 누가 왔네.

Hold on a sec, someone's here.

—— **sec (= second)** 잠깐
전화통화 중에 밖에 누가 찾아왔을 때

031 아침에 눈 뜨면 걔에게 바로 전화해.

Call him first thing in the morning.

—— **first thing in the morning** 아침에 제일 먼저

032 연결 상태가 왜 이래 정말.

Connection's really shoddy.

—— **connection** 연결, 접속 **shoddy** 조잡한, 경솔한, 싸구려의
전화 연결 상태가 영 좋지 않다고 말할 때

033 걔 휴대폰으로 전화해 봐.

Call her cell.

—— **cell (= cellular phone)** 휴대전화

034 그거 인스타에 올려 봐.

Why don't you Instagram it?

—— **Instagram** ~을 인스타에 올리다

MP3 14-04

035   너 페북해?

Are you on Facebook?

—— **be on Facebook** 평소에 페북을 즐겨 하다

036   지금 계속 내 말 듣고 있는 거야?

Are you still there?

—— 통화 중에 상대방의 응답이 없을 때

037   누구랑 같이 있어? 안에 누구 있어?

Do you have company?

—— 통화 중에 옆에 누가 있는 듯할 때나 문을 열었는데 안에 누가 함께
있는 듯한 느낌을 받았을 때 사용

038   문자를 보내면 왜 답을 안 해?

Why didn't you answer my texts?

—— **answer texts** 문자에 응답하다

039   내가 나중에 전화해도 되지?

Can I call you back?

—— **Can I ~?** 나의 행위에 대한 허락을 구할 때
call someone back ∼에게 다시 전화하다

001 렌터카 돌려줬어.

I returned the rental car.

—— **return** ~을 돌려주다 **rental car** 렌터카

002 주차 불가능해지기 전에 가야 해.

I want to be there before parking's impossible.

—— **be there** 그곳에 도착하다 **parking** 주차

003 택시 불러줄게.

I'll call you a taxi.

—— **call you** ~ 너에게 ~을 불러주다

004 몇 블록만 걸어가면 돼.

I'm only walking a few blocks.

—— **walk a few blocks** 몇 블록 걸어가다
언제쯤 오냐고 질문을 받았을 때의 대답

005 나 지금 약국 가는 중이야.

I'm on my way to the drugstore.

—— **on one's way to** ~에 가는 중인   **drugstore** 약국

006 내가 주차를 제대로 한 건지 모르겠네.

I'm not sure that I parked in the right place.

—— **park** 주차하다   **in the right place** 제대로 된 장소에

007 난 그렇게 멀리 살지 않아.

I don't live that far.

—— **that far** 그렇게 멀리

008 자동차 타이어가 펑크 났어.

I had a flat.

—— **have a flat (tire)** 타이어에 펑크 나다

201

009 지금쯤 공항에 도착했겠구나.

You should be at the airport by now.

—— **should** ~일 것이다(추측) **by now** 지금쯤

010 너 운전하면 안 돼.

You can't drive.

—— 음주운전이나 몸이 아픈 상태에서의 운전은 안 된다는 의미

011 너 평소에 버스 안 타잖아.

You don't take the bus.

—— 현재시제를 통해 평상시의 습관을 말함

012 걔는 자기 차 몰고 갔지.

He drove his own car.

—— **drive one's own car** 자신의 차를 몰고 가다

013 그녀는 운전석에 앉아 안전벨트를 채웠다.

She got behind the wheel and buckled in.

—— **behind the wheel** 운전석에 앉은
buckle in 안전벨트를 채우다

014 걔 오늘 살짝 자동차 사고를 당했어.

She got in a little car accident today.

—— **get in a car accident** 자동차 사고를 당하다

015 걔 사는 데 여기에서 멀지 않아.

She lives not far from here.

—— **far from** ~에서 먼

016 주말에는 견인 안 해요.

They won't tow you away on weekends.

—— **tow you away** 네 차를 견인해가다

017 그 장소는 좀 먼데.

The place is some distance away.

—— **some distance away** 좀 멀리 떨어져 있는

018 그 차 폐차해야 할 정도로 망가졌어.

The car got totaled.

—— **get totaled** 수리가 의미 없을 정도로 완전 파손되다

019 주차하기가 좀 그래요.

The parking isn't ideal.

—— **parking** 주차　　**ideal** 이상적인, 여건이 좋은

020 나 여권 잃어버렸어.

My passport is missing.

—— **missing** 없어진, 분실된

021 내 차는 건물 입구 쪽에 주차되어 있어.

My car is parked out front.

—— **be parked** 주차되어 있다　　**out front** 건물 입구 쪽에

022 키는 차 안에 꽂혀 있어.

The key's in the ignition.

—— **ignition** 차량의 점화장치

023 하이브리드 차량은 휘발유와 전기 둘 다로 움직여.

A hybrid runs on both gas and electricity.

—— **run on** ~로 움직이다　　**gas (= gasoline)** 휘발유
electricity 전기

024 거긴 여기에서 한 블록 정도밖에 떨어져 있지 않아.

It's only a block or so away from here.

—— **a block or so** 한 블록 정도
away from ~에서 떨어져 있는

025 차로 한참 가야 해.

It's a long drive.

—— **a long drive** 차로 한참 가는 거리

026 이 차 렌트한 거야.

It's a rental.

—— **rental** 렌터카

027 속력을 내.

Step on the gas.

—— **the gas** 자동차의 가속 페달

028 와이퍼를 좀 더 빨리 움직여 봐.

Make the windshield wipers go faster.

—— **windshield wipers** 자동차의 와이퍼

029 자동차 시동 걸리는지 확인해 봐.

Make sure your car starts.

—— **make sure** ~을 분명히 하다
car starts 자동차 시동이 걸리다

030 속도를 좀 높여.

Pick up the pace.

—— **pace** 속도, 걸음
걷거나 달리는 속도를 높이라는 의미

031 첫 번째 코너에서 우회전해.

Take a right at the first corner.

—— **take a right** 우회전하다

032 아래에서 택시 잡는 게 더 빨라.

Faster to grab a cab downstairs.

—— **grab a cab** 택시를 잡다
downstairs 아래층에서, 아래에서

033 우리 그냥 드라이브 좀 하자.

Let's just drive around.

—— 차를 타고 목적지 없이 여기저기 다니기만 하자는 의미

034 여기에서 걸어서는 얼마나 걸려?

How long from here on foot?

—— **on foot** 걸어서

035 내가 집으로 갈까?

Can I come over?

—— **Can I ~?** 내가 ~해도 될까?
come over 집으로 (건너) 가다

036 차는 어떻게 할까요?

What'll I do with the car?

—— **do something with the car** 차를 처리하다

037 내가 대신 전화해 줄까?

Do you want me to call for you?

—— **for you** 너 대신에

16 #돈/재정/비용/지출

001 저축해 둔 돈이 좀 있어.

I've got some money saved.

—— **save money** 저축하다

002 목구멍이 포도청이라.

I need the paycheck.

—— **paycheck** 급료, 월급

003 내가 걔한테 갚을 돈이 좀 많거든.

I owe him a load of money.

—— **owe** ~에게 빚지다   **a load of money** 많은 돈

004 나 정말 겨우겨우 빠듯하게 살아가.

I can barely keep my head above water.

—— 온몸이 물에 잠기지 않게 머리만 수면 위로 띄우고 겨우 숨 쉬면서
살아간다는 뜻으로 경제적인 어려움을 의미

005 그녀에게 들어가는 비용을 감당할 수 없었어.

I couldn't afford her.

—— **couldn't afford** ~을 감당할 형편이 되지 않았다

006 난 지금 차 굴릴 형편이 안 돼.

I can't afford a car.

—— **can't afford** ~을 살 만한 형편이 안되다

007 카드 한도 좀 남았어.

I've got some room on my card.

—— **room on one's card** 카드 한도 여분

008 너한테 이 정도는 사줄 수 있어.

I can buy you this.

—— **buy you this** 너에게 이것을 사주다

009 난 가진 게 별로 없어서 잃을 것도 없어.

I don't have much.

—— **much** 많은 것

010 제가 살게요.

I'm buying.

—— **buy** (음식을) 사다
음식이나 술을 사겠다, 쏘겠다의 의미

011 청구서들 당장 납부해야 해.

I have bills that need paying.

—— **pay bills** 청구서(공과금)를 납부하다

012 나한테 지금 그만큼의 현금은 없어.

I don't have that much cash.

—— **that much cash** 그만큼의 현금

013 우리 돈 없다면서.

You said we had no money.

—— **said**로 인한 시제의 일치 때문에 have가 had로 바뀜

MP3 16-02

014 거스름돈 가져가셔야죠.

You forgot your change.

—— **change** 거스름돈, 잔돈

015 한도 초과입니다.

You've exceeded your limit.

—— **exceed** ~을 초과하다 **limit** 한도

016 그녀는 늘 제때 돈을 지불해.

She always pays on time.

—— **pay** 대가로 돈을 지불하다
on time 시간을 어기지 않고, 제때

017 우리 앞으로는 지출을 줄여야 해.

We'll have to cut back on spending.

—— **will have to** 앞으로는 당연히 ~을 해야 하다
cut back on ~의 양을 줄이다

018 요즘 돈에 너무 쪼들려 살고 있어.

Money is so tight.

—— **tight** 여유가 없이 쪼들리는, 빡빡한

019 대출 신청했는데 은행에서 거절했어.

The bank turned my loan down.

—— **turn down** ~을 거절하다 **loan** 대출, 융자

020 경기가 호전되고 있어.

Things are turning around.

—— **things** 상황, 형편 **turn around** 경기가 좋아지다

021 이거 진짜 큰돈 될 거야.

This is going to make a serious amount of money.

—— **make a serious amount of money** 아주 큰돈을 벌다

022 팁이 너무 과한데.

That's an excessive tip.

—— **excessive** 지나친, 과도한

023 돈 받고 하는 일 아니야.

It pays nothing.

—— **pay nothing** 전혀 돈을 지불하지 않다

024 이거 정지된 카드예요.

This card won't go through.

—— **will** 주어의 강한 의지의 표현
go through 공식적으로 받아들여지다

025 그거 엄청나게 할인해 주는 거야.

That's a serious discount.

—— **serious** 양이 정말 많은 (비격식 구어체)

026 이거로 근사한 거 뭐 좀 사도록 해.

Buy yourself something nice with this.

—— **buy oneself something** 스스로 사용할 뭔가를 사다

027 돈은 무슨. 그냥 가져가.

Put it away.

—— 돈은 지불할 필요 없으니 그냥 가져가라는 의미

028 하던 일을 돈 때문에 포기하면 안 되지.

Don't let money stop you.

—— **stop you** 네가 하던 일을 멈추게 하다, 너를 방해하다

029 그게 신용카드 명세서에 나오지 않게 해.

Don't let it appear on my credit card.

—— **appear on** ~상에 나타나다

030 걔 얼마 주는데?

What do you pay her?

—— **pay her** ~ 그녀에게 ~정도의 돈을 지불하다

031 제가 요금을 드려야 하나요?

Do I owe you a fee?

—— **owe you a fee** 당신에게 요금을 내다　**fee** 자동차 요금

MP3 16-04

032   **20달러면 그러기에 충분한 거지?**

20 bucks should do it, yes?

—— **buck** 달러(**dollar**)의 일상적 어휘
should 기대에 찬 추측   **do** ~에 충분하다

17 #경험/상황/일반/etc.

001 난 두 손으로 내 귀를 막았어.

I put my hands over my ears.

—— **hands over one's ears** 귀를 덮은 손

002 난 비 피할 곳을 죽어라 찾았지.

I was desperate for shelter from the rain.

—— **desperate** 필사적인   **shelter from** ~로부터 피할 곳

003 들어는 봤는데 거기에 가보지는 않았어.

I've heard of it, but I haven't been there.

—— **hear of** ~에 대해서 듣다
have been there 거기에 가봤다

004 어떻게 할지 아직 생각 중이야.

I'm still deciding.

—— **be deciding** 어떻게 할지 생각하고 있다
decide 결정하다

005 이젠 익숙해졌죠.

I'm used to it by now.

—— **be used to** ~에 익숙해지다
by now 이제, 지금쯤 이미

006 네 말 그냥 믿을게.

I'll take your word for it.

—— **take one's word for it** 누구의 말을 의심 없이 받아들이다

007 나는 소문을 그다지 믿지 않아.

I wouldn't put much stock in rumors.

—— **I wouldn't** 난 원래 ~하지 않는다
put stock in ~을 신뢰하다

008 너 들어오는 소리 못 들었어.

I didn't hear you come in.

—— **hear you come in** 네가 들어오는 소리를 듣다

009 계속 찾았잖아.

I've been looking for you.

—— **have been looking for** 지금까지 계속 ~을 찾다
look for ~을 찾다

010 나도 그럴 때가 있었지.

I went through the same stage.

—— **go through** ~을 겪다
the same stage 똑같은 단계나 시기

011 난 그런 거 안 물어봐.

I don't ask.

—— 누군가 제3자의 개인적인 문제에 대해서 나에게 질문할 때 나는 그런
거 그 사람에게 묻지 않아서 나도 모른다는 의미

012 너 거기에 있는 거 못 봤어.

I didn't see you there.

—— **see you there** 거기에 있는 너를 보다

013 지금 당장 넘어가겠습니다.

I can be right over.

—— **can** 가능성을 의미   **be right over** 당장 그쪽으로 가다
말하는 사람 쪽으로 가겠다는 의미

014 내가 전에 이미 경험했던 일이야.

I have been there.

—— **have been there** 거기에 가본 적 있다. 그 일을 경험한 적 있다

015 나 지금 막 나가는 중이야.

I'm just heading out.

—— **just** 지금 막   **head out** 외출하다. 나가다

016 내가 이 정도 문제는 즉시 해결할 수 있지.

I could settle this matter straight away.

—— **settle** ~을 해결하다   **straight away** 즉시

017 사람 시켜서 알아냈지.

I had someone find out for me.

—— **have** ~에게 …하도록 시키다   **find out** 찾아내다. 알아내다

018 다른 데는 갈 데도 없어.

I have nowhere else to go.

—— **else** 그 밖의, 다른

019 한 마디도 진심으로 말하지 않은 게 없어.

I meant every single word.

—— **mean** ~을 의도하다, ~을 진심으로 하다

020 난 엎드려 있었어.

I was lying on my stomach.

—— **lie on one's stomach** 엎드리다

021 넌 경험이 좀 짧잖아.

You're a little short on experience.

—— **short on** ~이 적은   **experience** 경험

022 너 하루 종일 여기에 있었던 거야?

You've been here all day?

—— **all day** 하루 종일

023 네가 정말 운이 좋았던 거야.
You really lucked out.

—— **luck out** 운이 좋다 (미국식 구어체)
운이 멈추지 않고 끝까지(out) 펴졌다는 의미

024 누가 너 찾아왔어.
You have a visitor.

—— **visitor** 방문객, 손님
밖에 손님이 와 있다고 말해 줄 때

025 너도 곧 알게 될 거야.
You'll know soon enough.

—— **soon enough** 곧

026 매우 확신에 찬 목소리네.
You sound very certain about that.

—— **sound certain about** ~에 대한 확신에 찬 목소리이다

027 넌 그게 남자일 거로 생각해?

You think it's a he?

—— 어떤 일을 벌인 사람이 여자가 아닌 남자일 거로 생각하느냐는 말

028 걔가 자세히 말해 주지는 않았어.

He didn't get into details.

—— **get into details** 상세히 들어가다

029 곧 집에 도착할 것 같긴 한데.

He'll likely be home before long.

—— **likely** ~할 것 같은   **be home** 집에 도착하다
before long 곧

030 걔 일부러 그런 거야.

He did it on purpose.

—— **on purpose** 일부러

031 걔 무슨 문제 있니?

He's in any kind of trouble?

—— **be in trouble** 문제가 생기다

MP3 17-04

032 쟤 계속 뒷짐을 지고 있네.

He keeps his arms behind his back.

—— **keep one's arms behind one's back** 계속 뒷짐을 지고 있다

033 걔가 알아서 잘해 줄 거야.

He'll know what to do.

—— **what to do** 뭘 어떻게 해야 할지

034 걔는 줄행랑쳤어.

He did a runner.

—— **do a runner** 줄행랑치다(놀다)

035 걔 말에도 일리가 있어.

She has a point.

—— **have a point** 일리가 있다, 요점이 있다

036 걔 지금 당장 해결해야 할 일이 쌓였어.

He has enough to cope with right now.

—— **cope with** ~을 해결하다, ~에 대처하다

037 영화가 곧 시작해.

The movie is starting.

—— 이미 정해진 가까운 미래의 일을 말할 때 진행을 이용

038 결정은 이미 내려졌어.

The decision has been made.

—— **make a decision** 결정하다

039 그 경기는 관중이 별로 많이 모이지 않아.

The events don't draw much of a crowd.

—— **event** 경기　　**draw** ~을 끌어모으다
much of a crowd 많은 관중

040 바리스타가 바로 옆에 있었어.

The barista was close by.

—— **barista** 커피전문점에서 커피를 만드는 전문 직원
close by 바로 옆에 있는

041 어떤 일들은, 절대 잊히지 않는 것들이 있어.

Some things you never forget.

—— **never forget** 평소에 절대 잊히지 않다

042 말문이 막혀서 아무 말도 못했어.

Words failed me.

—— **fail** ~에게 도움을 못 주다, ~을 실망시키다

043 집 찾는 데 고생하지 않았어요?

Any trouble finding the place?

—— **place** 집

044 그 정도가 다야.

That's about it.

—— 더 이상 다른 건 없다는 의미

045 그건 오래전 얘기야.

It was a long time ago.

—— **a long time ago** 오래전

046 아직도 믿어지지 않아.

It's still hard to believe.

—— **hard to believe** 믿기 힘든

047 그냥 아이디어일 뿐인데 뭐.

It's just an idea.

—— **just an idea** 단순한 아이디어

048 최후 독촉장이네.

It says it's a final reminder.

—— **say** ~라고 쓰여 있다   **a final reminder** 최후 독촉장

049 그건 설명하기가 좀 어렵네.

It's kind of hard to explain.

—— **kind of** 좀   **hard** 힘든, 어려운   **explain** 설명하다

050 그게 그다지 큰 가능성을 보이는 건 아니야.

It isn't showing much promise.

—— **show promise** 성공이나 좋아질 가능성을 보이다

051 그거 바로 어제 출시된 거야.

It came out just yesterday.

—— **come out** 발표되다, 세상에 나오다

052 이걸 보니 옛날 생각나네.

This takes me back.

—— **take me back** 나를 과거로 데려가다

053 그게 그거지 뭐.

It's the same thing.

—— 약간의 차이는 있지만 본질은 똑같다는 의미

054 최근에 상황이 좀 걷잡을 수 없어졌어.

It's gotten a little bit out of control lately.

—— **get out of control** 통제 불능이 되다
lately 요즘, 최근에

055 여행은 바로 그렇게 해야 하는 거야.

It is definitely the way to travel.

—— **definitely** 분명히

056 이건 시작에 불과해.

It's just beginning.

—— **beginning** 출발, 시작

057 이런 은밀한 상황은 더 이상은 안 돼.

This clandestine situation has to end.

—— **clandestine** 은밀한 **end** 끝나다

058 특이한 일도 아닌데 뭐.

That's not unusual.

—— **unusual** 흔치 않은, 드문, 특이한

059 이름은 공란으로 남겨 둬.

Leave the name blank.

—— **leave** ~의 상태로 두다 **blank** 빈, 비어 있는

060 그거야 뭐 일도 아니지.

A piece of cake.

—— 케이크 한 조각 먹기는 전혀 힘든 일이 아니라는 데서 유래

061 창문 살짝 열린 상태로 놔둬.

Leave the windows cracked.

—— **leave windows cracked** 창문을 조금 연 상태로 두다
crack a window 창문을 조금 열다

062 지금 집이야?▶

Are you at home?

—— **at home** 집에 있는

▶ EXPRESSIONS

Are you home?
지금 집이야?
—— **home** (부사) 집에

063 그게 어떻게 가능해?

How is that possible?

—— **possible** 가능한

064 그거 해본 적 있어요?

Have you ever done it?

—— **have ever done** ~을 해 보다

229

065 그가 그걸 통해서 얻는 게 있어?

Does he have something to gain from it?

—— **gain from** ~을 통해서 얻다

066 그때 이후로 그와 대화를 좀 많이 해 봤어?

Have you talked to him much since then?

—— **talk to him much** 그와 대화를 많이 하다
since then 그때 이후로

067 누가 찾아왔었어?

Did we have a visitor?

—— **have a visitor** 누가 찾아오다

068 너 뉴스 안 봐?

Don't you watch the news?

—— **watch the news** 뉴스를 시청하다

069 무엇에 대한 거야? 주제가 뭔데?

What's it about?

—— **about what** 무엇에 관해서, 어떤 주제에 대해서

070 너 밖에서 뭐 하고 있는 거야 지금?

What are you doing out here?

—— **out here** 이 밖에서

071 넌 어떻게 이런 걸 다 알게 된 거야?

How come you know all this?

—— **How come** ~? 어떻게(왜) ~을 하게 됐어? (놀라움의 표현)

072 내가 그걸 원한다고 생각하는 이유가 뭐야?

What makes you think I want it?

—— **What makes you think** ~? 왜 ~라고 생각해?

073 그 정도로 충분할까?

Will that be enough?

—— 조동사 will은 '확실한 미래'의 의미로 쓰임

074 뭘 가져올지는 결정했어?
Have you decided what to bring?

—— **what to bring** 무엇을 가져올지

075 이유를 물어봐도 될까?
May I ask why?

—— **ask why** 이유를 묻다

076 걔한테 정확히 무슨 말을 해준 거야?
What exactly did you tell her?

—— **exactly** 정확히 **tell her** 그녀에게 말해 주다

077 그게 아무 문제없으면 뭐 하러 고쳐?
If it works, why fix it?

—— **work** 효과 있다, 문제없이 잘 움직이다
fix ~을 고치다

078 말씀 거의 끝나셨어요?
Are you two about finished?

—— **be about finished** 거의 끝나다

MP3 17-09

079   그걸 누구한테 배운 거게?

Guess who I learned it from?

——— 너한테 배워서 그렇게 됐다는 의미

나 지금 급히 회의 들어가야 해.

나 잘렸어.

난 숨 쉴 틈도 없었어.

방금 들어오셨네요.
바꿔드릴게요.

우리 대학 동기 동창이야.

다들 애들 교육 때문에 이쪽으로 몰려.

지금 휴가 중이야? 난 휴대폰 없으면 불안해.

미안, 지금 전화 받기 괜찮아?

겨우 들리네,
겨우.

음으로 돌려놓을게.

너 평소에
전화를
그렇게 받니?

벨만 계속
울리고 전화를
안 받네.

나 전화
좀
받을게.

연결 상태가 왜 이래 정말.

그거 인스타에 올려봐.

택시 불러줄게.

자동차 타이어가 펑크 났어.

걔 오늘 살짝 자동차 사고를 당했어.

차로 한참 가야 해.

목구멍이 포도청이라.

카드 한도 좀 남았어.

한도 초과입니다.

요즘 돈에 너무 쪼들려 살고 있어.

난 지금 차 굴릴 형편이 안 돼.

이거 정지된 카드예요.

그 정도로 충분할까?

말문이 막혀서 아무 말도 못했어.

돈은 무슨. 그냥 가져가.

그걸 누구한테 배운 거게?

걔 말에도 일리가 있어.

개 일부러 그런 거야.

누가 너 찾아왔어.

나도 그럴 때가 있었지.

지금 당장 넘어가겠습니다.

BEYOND EXPRESSIONS

YOU'RE A WINNER!

여기까지 오느라 정말 고생 많으셨습니다.
끝까지 온 여러분은 진정한 승리자입니다!
끝까지 했다는 희열은 해본 사람만이 느낄 수 있지요.
앞으로도 여러분의 영어 학습이 승승장구하기를 기원합니다.